Kauderwelsch
Band 161

Impressum

Izabella Gawin & Dieter Schulze
Spanisch für die Kanarischen Inseln – Wort für Wort
erschienen im
Reise Know-How Verlag Peter Rump GmbH
Osnabrücker Str. 79, D-33649 Bielefeld
info@reise-know-how.de

4. neu bearbeitete und verbesserte Auflage 2017

Bearbeitung & Layout Claudia Schmidt
Layout-Konzept Günter Pawlak, FaktorZwo! Bielefeld
Umschlag Peter Rump
Kartographie Thomas Buri
Fotos Izabella Gawin & Dieter Schulze
Druck & Bindung Werbedruck GmbH Horst Schreckhase, Spangenberg

ISBN 978-3-8317-6511-9
Printed in Germany

Die Internetseiten mit Aussprachebeispielen und der Zugriff auf diese über QR-Codes sind eine freiwillige, kostenlose Zusatzleistung des Verlages. Der Verlag behält sich vor, die Bereitstellung des Angebotes und die Möglichkeit der Nutzung zeitlich und inhaltlich zu beschränken. Der Verlag übernimmt keine Garantie für das Funktionieren der Seiten und keine Haftung für Schäden, die aus dem Gebrauch der Seiten resultieren. Es besteht ferner kein Anspruch auf eine unbefristete Bereitstellung der Seiten.

Der Verlag möchte die **Reihe Kauderwelsch** weiter ausbauen und **sucht Autoren!** Mehr Informationen finden Sie unter ***www.reise-know-how.de/verlag/mitarbeit***

Kauderwelsch

Izabella Gawin &
Dieter Schulze

Spanisch für die Kanarischen Inseln

Wort für Wort

Kauderwelsch heißt:

- Schnell mit dem **Sprechen** beginnen, auch wenn nicht immer alles korrekt ist.
- Von der **Grammatik** wird nur das Wichtigste in einfachen Worten erklärt.
- Alle Beispielsätze werden doppelt ins Deutsche übertragen: erst **Wort-für-Wort,** dann in normales Deutsch. Die Wort-für-Wort-Übersetzung hilft, die neue Sprache schneller zu durchschauen, außerdem lassen sich dadurch leichter einzelne Wörter im fremdsprachigen Satz austauschen.
- Es geht um die **Alltagssprache,** also das, was man tatsächlich auf der Straße hört.
- Die **Autoren** sind entweder Reisende, die die Sprache im Land selbst gelernt haben oder Muttersprachler.

Kauderwelsch-Sprachführer sind keine Lehrbücher, aber viel mehr als traditionelle Reisesprachführer. Wer ein wenig Zeit investiert, einige Vokabeln lernt und die Sprache im Land anwendet, wird **Türen öffnen,** ein Lächeln ins Gesicht zaubern und reichere Erfahrungen machen.

Talk to each other!

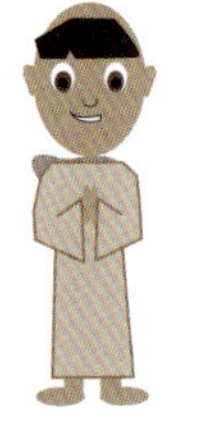

Kauderwelsch Aussprachetrainer

Kauderwelsch zum Anhören

Einzelne Sätze und Ausdrücke aus diesem Buch können Sie sich **kostenlos anhören.** Diese **Aussprachebeispiele** erreichen Sie über die im Buch abgedruckten QR-Codes oder diese Adresse: **www.reise-know-how.de/kauderwelsch/161**

Die Aussprachebeispiele im Buch sind Auszüge aus dem umfassenden Tonmaterial, das unter dem Titel **„Kauderwelsch Aussprachetrainer Spanisch für die Kanarischen Inseln"** separat erhältlich ist – als Download über Onlinehörbuchshops (ISBN 978-3-95852-132-2) oder als CD im Buchhandel (ISBN 978-3-8317-6085-5). Beide Versionen erhalten Sie auch über unsere Internetseite:

- **www.reise-know-how.de**

Alle Sätze, die Sie auf dem Aussprachetrainer hören können, sind in diesem Buch mit einem 👂 gekennzeichnet.

Inhalt

Konversation

Anhang

Wandern im Inselinneren von Gran Canaria

Vorwort

Das ganze Jahr über milde Temperaturen, Wassertemperaturen nie unter 18° C – die Inseln vor der afrikanischen Küste gehören zu den beliebtesten Ferienzielen weltweit. Und sie haben mehr zu bieten als nur Sonne und Strand: Abseits der Ferienzentren entdeckt man aufregende Naturlandschaften, die zum Wandern und Radfahren einladen. Die Palette reicht vom wüstenhaften Fuerteventura und dem jungvulkanischen Lanzarote über die Miniaturkontinente Gran Canaria und Teneriffa bis zu den grün-zerklüfteten Westinseln Gomera, La Palma und El Hierro.

Touristisch erschlossen sind nur die Strandregionen an der Küste. Von der Speisekarte bis zum Straßenschild wirkt dort alles heimatlich vertraut. Doch wenn man die Urlaubsghettos verlässt, stellt sich die Lage anders dar: Kaum ein Kanarier spricht Englisch, geschweige denn Deutsch. Da sind einige Sätze in der Landessprache durchaus hilfreich, sei es, um im Berglokal ein Menü zu bestellen, ein paar Worte mit der Verkäuferin des Tante-Emma-Ladens zu wechseln oder die Wettervorhersage für den nächsten Tag zu erfragen. Und wer das Ganze noch mit einem Lächeln verknüpft, dem öffnet sich im Nu das Herz der Canarios. Freundlichkeit und Anerkennung werden ihm zuteil, nicht selten erhält er sogar einen besseren Preis!

Hinweise zur Benutzung

Der vorliegende Sprachführer gliedert sich in die drei wichtigen Hauptabschnitte *Grammatik*, *Konversation* und *Wörterliste*.

Grammatik

Die Grammatik beschränkt sich auf das Wesentliche und ist so einfach gehalten wie möglich. Deshalb sind auch nicht alle Ausnahmen und Unregelmäßigkeiten der Sprache erklärt. Wer nach der Lektüre dieses Büchleins tiefer in die Grammatik des Spanischen eindringen möchte, findet im Anhang Hinweise auf weiterführende Literatur.

Konversation

In diesem Teil finden Sie Sätze aus dem Alltagsgespräch, die Ihnen einen ersten Eindruck davon vermitteln sollen, wie Spanisch „funktioniert", und die Sie auf das vorbereiten sollen, was Sie später auf den Kanaren hören werden. Benutzen Sie die Beispielsätze auch als Satzschablonen und -muster, die Sie selbst Ihren Bedürfnissen anpassen.

Damit Sie die Wortfolge des Spanischen in den Beispielsätzen nachvollziehen können, ist eine **Wort-für-Wort-Übersetzung** in kursiver Schrift ergänzt. Wird *ein* Wort des Spanischen im Deutschen durch *zwei* Wörter übersetzt, sind diese in der Wort-für-Wort-Übersetzung durch einen Bindestrich verbunden, z. B.:

¿Hay un hotel aquí?
es-gibt ein Hotel hier
Gibt es hier ein Hotel?

Seitenzahlen

Um Ihnen den Umgang mit den Zahlen zu erleichtern, wird auf jeder Seite die Seitenzahl auch auf Spanisch angegeben!

Werden in einem Satz mehrere Wörter genannt, die man untereinander austauschen kann, steht zwischen diesen ein Schrägstrich:

Durch Schrägstrich werden auch die männlichen und weiblichen Formen getrennt. Um die weibliche Form zu erhalten, ersetzt man das -o *der männlichen Form durch ein* -a.

Soy alemán / suizo / austríaco.
(ich-)bin Deutscher / Schweizer / Österreicher.
Ich bin Deutscher / Schweizer / Österreicher.

Estoy cansado / cansada.
(ich-)bin müde(m/w)
Ich bin müde. *(sagt Mann / Frau)*

Mit Hilfe der Wort-für-Wort-Übersetzung können Sie bald eigene Sätze bilden. Sie können die Beispielsätze als Fundus von Satzschablonen und -mustern benutzen, die Sie selbst Ihren Bedürfnissen anpassen. Um Ihnen das zu erleichtern, ist ein erheblicher Teil der Beispielsätze nach allgemeinen Kriterien geordnet. Mit einem kleinen bisschen Kreativität und Mut können Sie sich neue Sätze „zusammenbauen", auch wenn das Ergebnis nicht immer grammatikalisch perfekt ausfällt.

Wörterlisten

Die Wörterlisten am Ende des Buches helfen Ihnen dabei. Sie enthalten einen Grundwortschatz von je ca. 1000 Wörtern Deutsch-Spanisch und Spanisch-Deutsch.

Umschlagklappen

Die Umschlagklappe hält die wichtigsten Sätze und Formulierungen stets parat. Aufgeklappt ist der Umschlag eine wesentliche Erleichterung, da die gewünschte Satzkonstruktion mit dem Vokabular aus den einzelnen Kapiteln kombiniert werden kann.

Warum Spanisch für die Kanarischen Inseln?

Die Kanarier machen sich das Leben leicht und räumen alles, was kompliziert ist, aus dem Weg: Sie hobeln die Mitlaute ab und verschleifen das spanisch gelispelte c *zu* s. *Ihre Sprache, so die Festlandspanier, sei freilich nur Ausdruck einer tief verwurzelten Mentalität: Sie seien* aplatanados *(weich wie Bananen) – ihnen widerstrebe die „spanisch-kastilische" Klarheit und die Bereitschaft zur Konfrontation.*

Wer ein paar Brocken Spanisch gelernt hat und glaubt, das werde für die Kanaren schon reichen, wird vor Ort eines Besseren belehrt. Ob alt oder jung: die Canarios sprechen anders als die sympathische Lehrerin von der Volkshochschule. Da wird in einem rasenden, halsbrecherischen Tempo palavert, es werden Worte eingestreut, die in keinem Lexikon stehen, Laute und Endungen munter verschluckt. „S" und „z" fallen am Wortende prinzipiell weg, statt Santa Cruz sagen sie „Santa Cru(h)" und statt Las Palmas „La(h) Palma(h)", weshalb man auch nie genau weiß, ob nun die Hauptstadt Gran Canarias oder die kleine Insel westlich von Teneriffa gemeint ist.

Schon ein flüchtiger Blick auf die Landkarte verrät, warum die Kanaren anders sind. Sie liegen mehr als 1000 Kilometer vom südlichsten Zipfel der Iberischen Halbinsel entfernt, sind vom „Mutterland" durch die Weiten des Atlantiks getrennt. Und da sich die spanische Regierung über viele Generationen nicht um das Wohl der Insulaner kümmerte, blieb es nicht aus, dass diese – notgedrungen – ihre eigenen Wege gingen. Viele emigrierten nach Lateinamerika und brachten von dort neue Worte mit. Zusammen mit berberischen Ausdrücken der Ureinwohner, französischen und portugiesischen Worten aus der Frühzeit des

Kolonialismus sowie Anglizismen aus der Epoche des *Informal Empire* bildet das Kanarische ein „atlantisches Spanisch“. Es ist ein Dialekt, der – wie das Castellano Lateinamerikas – zu den „südlichen spanischen Sprachen“ gezählt wird.

Im Dezember 2002 ist die Academia Canaria de la Lengua eröffnet worden, die über die „Reinheit“ der kanarischen Sprache wachen soll. Das freilich wird keine einfache Aufgabe sein – denn wo wird das „reine“ Kanarisch gesprochen?

Aufgrund der lange währenden Isolation hat jede der sieben Inseln ihre eigenen sprachlichen Besonderheiten ausgebildet: Ein Canario aus Gran Canaria drückt sich ganz anders aus als einer, der von der „vergessenen Insel“ El Hierro kommt ...

Kleine Sprachgeschichte der Kanaren

Bei einem Blick ins Telefonbuch staunt man über die vielen „fremden“ Namen, die auf den Kanaren seit Jahrhunderten fest verwurzelt sind. Zu den bekanntesten zählen Béthencourt, Van Damme *und* Van Dalle, Ghammert, Aguiar, Lara *und* Spínola.

Die Seeleute wagten nicht, an Land zu gehen, da sie die Sprache der Insulaner nicht verstanden, obwohl sie anmutig und melodisch wie das Italienische klingt.“ So schrieb 1341 der genuesische Kapitän Niccoloso da Recco, der als einer der ersten Europäer kanarischen Boden betrat. Und er fuhr fort: „Sie singen lieblich, tanzen wie die Franzosen, lächeln viel, sind fröhlicher und zivilisierter als viele Spanier.“ Die Ureinwohner der Kanaren, davon geht man heute aus, waren ab ca. 500 v. Chr. von Nordwestafrika auf die Inseln gelangt. Sie sprachen Dialekte der Berber-Sprache und bedienten sich, wie Felszeichnungen belegen, auch deren Schrift.

Mit der Eroberung der Kanaren (1402-1496) wurde das Berberische weitgehend verdrängt, hat sich aber in zahlreichen Orts-, Tier- und Pflanzennamen erhalten, die oft mit dem Buchstaben A, T oder G beginnen und ganz und gar „unspanisch“ klingen: Anaga, Artenara, Taburiente, Tanajara, Tindaya, Güimar, Gáldar, Guarazoca und Giniginámar. Überdauert haben auch die Namen legendärer Stammeshäuptlinge und ihrer Frauen, deren abenteuerliche Lebensgeschichten von einer Generation zur nächsten weitererzählt wurden. Heute werden Neugeborene nach den altkanarischen Urahnen benannt. Iballa und Daida heißen z. B. die Surf-Weltmeisterinnen aus Gran Canaria.

Mit Nachnamen heißen sie Ruano Moreno.

Die im Auftrag der spanischen Krone ausgesandten Konquistadoren erhoben das Kastilische (Castellano) zur offiziellen Sprache – wer in der neuen Gesellschaft bestehen wollte, musste sie erlernen. Daneben erhielten sich von den Neusiedlern importierte französische und portugiesische, flämische und italienische Worte.

Nach der Entdeckung Amerikas durch Kolumbus, der von den Kanaren in den unbekannten Atlantik gestartet war, rückte der Archipel zum Brückenkopf zwischen Alter und Neuer Welt auf, wurde zum Herzstück imperialer Kommunikation im spanischen Reich, in dem die Sonne nie unterging. Unzählige Canarios suchten im Laufe von 500 Jahren ihr Glück in Übersee. Kehrten sie zurück, brachten sie viele Amerikanismen mit, die rasch in die Alltagssprache einsickerten. Noch heute werden enge Beziehungen zu Kuba gepflegt, und Venezuela gilt gar als die „achte kanarische Insel" (la octava isla canaria) – kaum ein Canario, der dort keine Verwandte hat!

In diesem Buch werden die wichtigsten Worte des Multikulti-Vokabulars vorgestellt, so auch die ins kanarische Spanisch eingegangenen Anglizismen. Zur Zeit des *Informal Empire* (1880-1914) nutzten die Briten auf dem Weg in die westafrikanischen Kolonien den Archipel als Stützpunkt. Sie führten den Bananen- und Tomatenanbau ein, etablierten den Tourismus und sorgten für regelmäßigen Post- und Schiffsverkehr.

Wörter wie queque *(von „cake" – Kuchen) oder* naife *(von „knife" – Messer) stammen aus der Zeit des „Informal Empire".*

Aussprache & Betonung

Die Aussprache fällt leicht. Den einzelnen Buchstaben oder Buchstabenverbindungen entsprechen meist die gleichen Laute wie im Deutschen. Als zusätzlichen Buchstaben gibt es im spanischen Alphabet lediglich das ñ.

Typisch ist das „Verschlucken“ vieler Mitlaute: Nicht nur wenn es auslautet, wird das s *weggelassen, sondern auch mitten im Wort wird es „unterschlagen“. So wird aus* Maspalomas *„Mahpaloma“, und* ¡Buenos días! *(Guten Tag!) wird zu „Buenoh día“ verkürzt.*

Mitlaute (Konsonanten)

b	am Wortanfang wie deutsches „b“; sonst ein Reibelaut zwischen „b“ und „w“, der zum „w“ tendiert (siehe v) **banco** banko *(Bank)*
c	wie „k“ vor a, o, u und vor Mitlauten **color** kolor *(Farbe)* wie „ß“ vor e, i **cinco** ßingko *(fünf)*
cc	„kß“, wie „ks“ in „Ke**ks**“ **accidente** akßidente *(Unfall)*
ch	wie „tsch“ in „Ma**tsch**“ **mucho** mutscho *(viel)*
g	wie „g“ vor a, o, u und vor Mitlauten **gasolina** gasolina *(Benzin)* vor e, i wie „ch“ in „Ba**ch**“ **gente** chente *(Leute)*
gu	wie „g“, vor e und i ist das u „stumm“, vor a ist das u hörbar **guerra** gerra *(Krieg)*, **agua** agua *(Wasser)*
gü	soll das u vor e und i hörbar sein, steht statt u ein ü **pingüino** pinguino *(Pinguin)*

h	bleibt „stumm" **hombre** ombre *(Mann)*
j	wie „ch" in „Ba**ch**" **trabajo** trabacho *(Arbeit)*
ll	wie „j" in „**J**äger" **llegada** jegada *(Ankunft)*
ñ	wie „nj" in „Ta**nj**a" **niño** ninjo *(Kind, Junge)*
qu	wie „k", tritt nur vor e und i auf **pequeño** pekenjo *(klein)*, **aquí** aki *(hier)*
r	Zungenspitzen-R; nach n, l und s sowie am Wortanfang stark „gerollt" **caro** karo *(teuer)*, **raro** rraro *(selten)*
rr	**rr** wird stets stark „gerollt" **perro** perro *(Hund)*
s	stimmlos wie „ß" in „Ma**ß**" **casa** kaßa *(Haus)*; vor b, d, g, l, m, n wie „s" in „Ro**s**e" **mismo** mismo *(selbst)*
v	wie b (s. o.) **vino** bino *(Wein)*
x	„kß", wie „ks" in „Ke**ks**" **examen** ekßamen *(Prüfung)*; selten wie „ch" in „i**ch**" **México** mechiko *(Mexiko)*
y	wie „j" in „**J**äger" am Silbenanfang und innerhalb eines Wortes **ayer** ajer *(gestern)*; wie „i" am Wortende od. alleinstehend **ley** lei *(Gesetz)*, **hay** ai *(es gibt)*, **y** i *(und)*
z	„ß" in „Ma**ß**", am Wortende gehaucht **zapato** ßapato *(Schuh)*, **voz** *(Stimme)*

Das auf den Kanarischen Inseln gesprochene Castellano klingt gegenüber dem auf dem Festland gebräuchlichen insgesamt weicher und melodischer. Eine Erleichterung für den Lernenden bedeutet gewiss der für die Aussprache charakteristische „Seseo": c (vor e und i) und z werden wie „s" und nicht, wie in Spanien üblich, wie das englische „th" ausgesprochen. Auch das z am Wortende wird nur gehaucht: voz (Stimme) wird „voh" ausgesprochen.

Selbstlaute (Vokale)

Die Selbstlaute (a, e, i, o, u) werden kurz bis halblang und in der Regel deutlich offener als im Deutschen gesprochen. Das o beispielsweise gleicht also eher dem offenen „o“ in „Rost“ als dem geschlossenen „o“ in „Rot“. Der Selbstlaut u wird in den Silben gue, gui, que, qui im Allgemeinen nicht gesprochen (s. o.).

Etwas gewöhnungsbedürftig ist der Umstand, dass bei den Doppellauten (Diphthongen) ai, ay, ei, ey, eu, ia, ie usw. die Selbstlaute nicht zu einem neuen Laut verschmelzen, sondern grundsätzlich ihren jeweiligen Lautwert erhalten und in der Aussprache beide – freilich unterschiedlich stark – berücksichtigt werden. Man kann sich an der Regel orientieren, dass im Doppellaut i und u schwächer sind als a, e und o. So wird in Euro und Europa das e stärker betont als das u, in Santiago das a stärker als das angrenzende i.

Betonung

Wörter, die auf einen Selbstlaut, auf n oder s enden, werden in der Regel auf der vorletzten Silbe betont; importante *(wichtig)* wird dementsprechend auf dem a, joven *(jung)* auf dem o, sillas *(Stühle)* auf dem i betont. Endet ein Wort auf einem anderen Mitlaut oder auf y, wird es auf der letzten Silbe betont, papel *(Papier)* also auf dem e, und estoy *(ich bin)* auf dem o.

Abweichungen von diesen Regeln werden durch einen Akzent auf der zu betonenden Silbe angezeigt, z. B.: teléfono *(Telefon)*, papá *(Papa)*, alemán *(deutsch, Deutscher)*. Darüber hinaus dienen Akzente als Unterscheidungsmerkmal bei Wörtern, die zwar gleich lauten, aber andere Bedeutungen haben:

el	der	**él**	er
tu	dein	**tú**	du
si	wenn	**sí**	ja
de	von	**dé!**	geben Sie!
esta	diese	**está**	er / sie ist
papa	Kartoffel	**papá**	Papa

Rechtschreibung

Es gilt die gemäßigte Kleinschreibung wie im Englischen: Lediglich der Satzanfang und die Eigennamen im Satzinneren werden groß-, alle anderen Wortanfänge kleingeschrieben.

Satzzeichen

Ungewöhnlich für den deutschen Leser ist, dass Frage- und Ausrufesätze nicht nur mit dem entsprechenden Satzzeichen (? und !) abgeschlossen, sondern auch – und dann auf dem Kopf stehend – eingeleitet werden (¿ und ¡). Sie werden dort gesetzt, wo jeweils die Frage oder der Ausruf beginnt, unter Umständen also auch mitten im Satz.

Wörter, die weiterhelfen

Setzen Sie sinnvolle Wörter in die Satzschablonen ein (manchmal mit bestimmten oder unbestimmten Artikel), z. B.:

Mit den folgenden Satzschablonen können Sie sich schon ohne weitere Grammatikkenntnisse verständlich machen.

Ich suche ...

Busco un restaurante / la parada de guaguas.
(ich-)suche ein Restaurant / die Haltestelle von Busse
Ich suche ein Restaurant / die Bushaltestelle.

el puerto	der Hafen
el consulado	das Konsulat
el hospital	das Krankenhaus
la policía	die Polizei
el correos	die Post
un banco	eine Bank
un telebanco	ein Geldautomat
una tienda	ein Laden
un supermercado	ein Supermarkt
un taxi	ein Taxi
un teléfono	ein Telefon

Gibt es ... ?

Hay *(es gibt)* ist eine unpersönliche Form von haber *(haben)* und bezeichnet das allgemeine „Vorhandensein"; deshalb tritt es nur mit unbestimmten Hauptwörtern auf.

¿Hay café?
es-gibt Kaffee
Gibt es Kaffee?

¿Hay un hotel aquí?
es-gibt ein Hotel hier
Gibt es hier ein Hotel?

Sí, hay.
ja es-gibt
Ja, gibt es.

No, no hay.
nein nicht es-gibt
Nein, gibt es nicht.

Wo gibt es ... ?

¿Dónde hay una farmacia?
wo es-gibt eine Apotheke
Wo gibt es eine Apotheke?

Wo ist ... ?

¿Dónde está la estación de guaguas?
wo (sie-)ist die Station von Busse
Wo ist der Busbahnhof?

Fragt man nach etwas Bestimmtem, verwendet man nicht hay *(es gibt), sondern* está *(ist).*

Haben Sie ... ?

¿Tiene Usted una habitación libre?
(er/sie-)besitzt Sie ein Zimmer freies
Haben Sie ein freies Zimmer?

¿Tiene Usted un mapa de Las Palmas?
(er/sie-)besitzt Sie einen Stadtplan von Las Palmas
Haben Sie einen Stadtplan von Las Palmas?

Sí, lo tenemos.
ja es (wir-)besitzen
Ja, haben wir.

No, no lo tenemos.
nein nicht es (wir-)besitzen
Nein, haben wir nicht.

Ich will ... / Ich möchte gern ...

Quiero una cerveza.
(ich-)will ein Bier
Ich will ein Bier.

No quiero una cerveza.
nicht (ich-)will ein Bier
Ich will kein Bier.

Quisiera otra habitación.
(ich-)würde-wollen anderes Zimmer
Ich möchte ein anderes Zimmer.

Um einen Wunsch auszudrücken, kann man sich mit quiero *(ich will) behelfen, höflicher ist allerdings* quisiera *(ich möchte).*

Achtung: Te quiero (wörtlich: *„dich (ich-)will"*) hat die Bedeutung von „ich liebe dich".

Wie viel kostet ... ?

¿Cuánto cuesta un billete / la entrada?
wie-viel (sie-)kostet eine Fahrkarte / der Eintritt
Wie viel kostet eine Fahrkarte / der Eintritt?

¿Cuánto cuesta esto?
wie-viel (es-)kostet das
Wie viel kostet das da?

Höflichkeitsfloskeln

¡Gracias! – ¡Por favor!	Danke! – Bitte!
¡Buenos días!	Guten Tag!
¡Hasta la vista!	Auf Wiedersehen!
¡Hasta luego!	Bis bald!

Hauptwörter & Artikel

Anders als im Deutschen werden die Hauptwörter nicht gebeugt. Man muss sich also lediglich das grammatische Geschlecht merken und die Mehrzahlbildung beachten. Es gibt im Spanischen nur männliche (abgekürzt *m*) und weibliche *(w)* Hauptwörter.

Männliche Hauptwörter enden meistens auf -o, -or, -ón, -án oder -aje, z. B.:

pueblo	Dorf	**alemán**	Deutscher
comedor	Speisesaal	**potaje**	Eintopf
avión	Flugzeug		

Weibliche Hauptwörter enden in der Regel auf -a, -ción, -dad, -tud oder -z, z. B.

familia	Familie	**navidad**	Weihnachten
acción	Aktion	**voz**	Stimme
ciudad	Stadt		

Bei Personen wird die weibliche Form des Hauptwortes häufig durch Hinzufügung von -a gebildet, bzw. es wird wird die männliche Endung -o durch -a ersetzt:

el señor	der Herr	**la señora**	die Dame
el chico	der Junge	**la chica**	das Mädchen

Für einige männliche und weibliche Entsprechungen gibt es wiederum eigene Wörter:

el hombre	der Mann	**la mujer**	die Frau
el padre	der Vater	**la madre**	die Mutter

Eine ganze Reihe von Berufsbezeichnungen kennt für beide Geschlechter nur eine Form:

el / la dentista	der Zahnarzt, die Zahnärztin

Wichtige Ausnahmen von diesen Regeln sind:

el día *(m)*	der Tag
el mapa *(m)*	die (Land- / Stadt-)Karte
el problema *(m)*	das Problem
el turista *(m)*	der Tourist
la foto *(w)*	das Foto
la mano *(w)*	die Hand

Wichtig: Männliche Hauptwörter, die nicht auf -o, -r, -n *oder* -l *enden, sind im Folgenden mit „(m)" gekennzeichnet. Ebenso sind weibliche Hauptwörter, die nicht auf* -a, -d, -ción, -sión *enden, mit „(w)" gekennzeichnet.*

Artikel

Im Gegensatz zum Deutschen hat der unbestimmte Artikel im Spanischen auch eine eigene Form für die Mehrzahl, die man etwa mit „einige“ übersetzen kann.

Es gibt im Spanischen den unbestimmten („ein, eine“) und den bestimmten Artikel („der, die“).

	m	w	m	w
Ez	**el** der	**la** die	**un** ein	**una** eine
Mz	**los** die	**las** die	**unos** einige	**unas** einige

la / una naranja
die / eine Apfelsine

las / unas naranjas
die / einige Apfelsinen

Bei weiblichen Hauptwörtern, die mit einem betonten a- oder ha- beginnen, wird der männliche Artikel el verwendet, um das Aufeinanderstoßen zweier a zu vermeiden.

Im Gebrauch bleiben diese Hauptwörter weiblich. Die Mehrzahl von el agua *heißt* las aguas *(und keineswegs: „los aguas“). Eigenschaftswörter, die sich auf diese Hauptwörter beziehen, werden gleichfalls weiblich gebeugt, z. B.* el agua fría *(das kalte Wasser).*

el agua *(w)*	das Wasser	**el alma** *(w)*	die Seele
el águila *(w)*	der Adler	**el harina** *(w)*	das Mehl

Neben dem männlichen und weiblichen Artikel gibt es in der Einzahl die sächliche (unpersönliche) Form lo, die z. B. bei Eigenschaftswörtern oder bei Ordnungszahlen gebraucht wird, die als Hauptwort verwendet werden.

lo bueno	das Gute	**lo segundo**	das Zweite

Mehrzahl

Hauptwörter, die in der Einzahl (abgekürzt: *Ez*) auf einen Selbstlaut enden, bilden die Mehrzahl (abgekürzt: *Mz*) mit einem angehängten -s; Hauptwörter, die auf einen Mitlaut enden, hängen für die Mehrzahl -es an.

coche	Auto	**coches**	Autos
hotel	Hotel	**hoteles**	Hotels

Auch hier gibt es Ausnahmen: So bleiben Wörter, die in der Einzahl auf -s enden und auf der vorletzten Silbe betont werden, in der Mehrzahl unverändert. Dazu gehören einige Wochentage, z. B. lunes *(Montag)* und martes *(Dienstag)* oder Begriffe aus dem Griechischen, wie z. B. la crisis *(die Krise)*. Bei Wörtern, die auf -z enden, verwandelt sich der Endbuchstabe in der Mehrzahl in ein -c.

la voz	die Stimme	**las voces**	die Stimmen

Dieses & Jenes

Das Spanische besitzt drei hinweisende Fürwörter (Demonstrativpronomen). Ihr Gebrauch richtet sich danach, wie weit das zu bezeichnende Objekt vom Sprecher entfernt ist. Este *(dieses hier)* weist auf eine Sache oder Person hin, die sich nahe beim Sprechenden befindet. Mit ese *(dieses da)* bezeichnet man ein

Die hinweisenden Fürwörter stehen jeweils vor dem Hauptwort, auf das sie sich beziehen, und richten sich in Zahl und Geschlecht nach diesem.

Objekt, das etwas weiter entfernt ist oder sich beim Angesprochenen befindet. Häufig wird es auch in abschätziger Bedeutung gebraucht. Aquel *(jenes)* schließlich verweist auf etwas, das örtlich oder auch zeitlich entfernter liegt.

	m	w	unpersönlich
Ez	este	esta	esto
Mz	estos	estas	estos
Ez	ese	esa	eso
Mz	esos	esas	esos
Ez	aquel	aquella	aquello
Mz	aquellos	aquellas	aquellos

Eigenschaftswörter

Eigenschaftswörter (Adjektive) stehen meistens nach dem Hauptwort, auf das sie sich beziehen, und richten sich in Zahl und Geschlecht nach diesem. Die männliche Form endet in der Regel auf -o, die weibliche auf -a.

Bei einigen Eigenschaftswörtern, vor allem bei denjenigen, die auf -e oder -l enden, stimmen männliche und weibliche Form überein.

el libro nuevo
das Buch neu
das neue Buch

la casa nueva
das Haus neue
das neue Haus

un caso difícil
ein Fall schwierig
ein schwieriger Fall

una cosa difícil
eine Sache schwierig
eine schwierige Sache

Die Mehrzahl wird bei den Eigenschaftswörtern in gleicher Weise wie bei den Hauptwörtern gebildet: Endet das Eigenschaftswort auf einen Selbstlaut, wird -s, endet es auf einen Mitlaut, wird -es angehängt. Falls es auf -z endet, wird die Mehrzahl mit -ces gebildet.

nuevo	neu	**nuevos**	neue *(Mz)*
difícil	schwierig	**difíciles**	schwierige *(Mz)*
feliz	glücklich	**felices**	glückliche *(Mz)*
capaz	fähig	**capaces**	fähige *(Mz)*

Einige häufig gebrauchte Eigenschaftswörter, wie bueno *(gut)*, malo *(schlecht)*, grande *(groß)*, primero *(erster)*, können dem Hauptwort auch vorangestellt werden. Vor einem männlichen Hauptwort werden sie verkürzt, d. h. die männliche Endung -o entfällt.

Grande *wird sowohl vor einem männlichen als auch vor einem weiblichen Hauptwort zu* gran *verkürzt, bedeutet dann aber nicht „groß" im Sinne von hoch oder breit, sondern „großartig".*

un buen amigo	ein guter Freund
el primer día	der erste Tag
un mal día	ein schlechter Tag
una gran cocinera	eine großartige Köchin

Die Eigenschaftswörter mucho *(viel)*, poco *(wenig)* und otro *(anderer)* stehen immer vor dem Hauptwort.

mucho tiempo	viel Zeit
poco dinero	wenig Geld
otra amiga	eine andere Freundin

Steigern & Vergleichen

Bei der Steigerung verwendet man das Wort más *(mehr)*, das beim Komparativ (1. Steigerungsstufe) vor das Eigenschaftswort gestellt wird. Der Superlativ (2. Steigerungsstufe) wird gebildet, indem zusätzlich der bestimmte Artikel vorangestellt wird.

Das Eigenschaftswort und der Artikel richten sich in Zahl und Geschlecht nach dem dazugehörigen Hauptwort.

bonito	*schön (m)*	schön
más bonito	*mehr schön*	schöner
el más bonito	*der mehr schön*	der schönste
bonita	*schöne (w)*	schöne
más bonita	*mehr schöne*	die schönere
la más bonita	*die mehr schöne*	die schönste

unregelmäßige Komparativformen

mucho	viel	**más**	mehr
poco	wenig	**menos**	weniger
bueno	gut	**mejor**	besser
malo	schlecht	**peor**	schlechter
grande	groß	**mayor**	größer (= älter)

Verstärkung durch *-ísimo / -ísima* sowie *muy*

Esta cesta es grandísima.
dieser Korb ist groß-sehr
Dieser Korb ist sehr groß.

un hombre muy guapo
ein Mann sehr schön
ein sehr schöner Mann

Vergleichen

Soll bei einem Vergleich zweier Personen oder Gegenstände deren Gleichheit ausgedrückt werden, wählt man die Formel tan ... como *(so ... wie)*. Den Unterschied bei einem Vergleich bezeichnet man mit dem Ausdruck más / menos ... que *(mehr / weniger ... als)*.

Este coche es tan caro como ese.
dieser Wagen (er-)ist so teuer wie jener
Dieser Wagen ist so teuer wie der da.

Paco es más alto que Alfonso.
Paco (er-)ist mehr groß als Alfonso
Paco ist größer als Alfonso.

Umstandswörter

Mit Umstandswörtern (Adverbien; abgekürzt: *Umst.*) kann man Verben, Eigenschaftswörter sowie andere Umstandswörter näher bestimmen. Um Umstandswörter aus Eigenschaftswörtern abzuleiten, hängt man an die weibliche Form des Eigenschaftswortes die Endung -mente.

lento *(m)* **/ lenta** *(w)*	langsam *(m / w)*
lentamente	langsam *(Umst.)*
rápido *(m)* **/ rápida** *(w)*	schnell *(m / w)*
rápidamente	schnell *(Umst.)*

Zu unterscheiden sind selbständige Umstandswörter der Zeit („heute", „immer", „nie" usw.) oder des Grades („sehr", „mehr") sowie von Eigenschaftswörtern abgeleitete Umstandswörter (Umstandswörter der Art und Weise).

Rosana canta maravillosamente.
Rosana (sie-)singt wunderbar(Umst.)
Rosana singt wunderbar.

Einige Eigenschaftswörter bilden unregelmäßige abgeleitete Umstandswörter:

bueno	gut	**bien** *(Umst.)*	gut
malo	schlecht	**mal** *(Umst.)*	schlecht

Bei einigen Eigenschaftswörtern ist die Bildung auf -mente grundsätzlich nicht möglich, dazu gehören:

barato	billig	**caro**	teuer	**bajo**	niedrig

Persönliche Fürwörter

Für gemischtgeschlechtliche Gruppen wird immer die männliche Mehrzahlform (nosotros, ellos) *gebraucht; dies gilt auch, wenn sich z. B. nur ein Mann und zehn Frauen in einer Gruppe befinden.*

Im Gegensatz zum Deutschen wird für „wir" und „sie" *(Mz)* jeweils eine männliche und eine weibliche Form unterschieden. Weiterhin ist bei der Höflichkeitsform zu berücksichtigen, ob eine oder mehrere Personen angesprochen werden (Usted *Ez*, Ustedes *Mz*).

yo	ich
tú	du
él / ella	er / sie
Usted	Sie *(höfl. Anrede Ez)*
nosotros / nosotras	wir *(m/w)*
Ustedes	ihr
ellos / ellas	sie *(m/w)*
Ustedes	Sie *(höfl. Anrede Mz)*

Nosotros vamos al cine.
Wir gehen ins Kino. *(z. B. ein Mann u. 10 Frauen)*

Ellas van al cine.
Sie gehen ins Kino. *(ausschließl. weibl. Gruppe)*

¿Vienen Ustedes conmigo?
(sie-)kommen Sie(Mz) mit-mir
Kommt ihr mit mir mit?

Generell werden die persönlichen Fürwörter nur zur Betonung der Person benutzt, auf den Inseln etwas häufiger als auf dem Festland.

Ein markanter Unterschied zum Festlandspanisch ist, dass die Kanarier statt des ebenfalls geschlechtsspezifischen vosotros / vosotras *(ihr)* Ustedes *sagen, eine Formel, die auf dem Festland nur für die höfliche Anrede verwendet wird.*

wem? oder wen?

Die gebeugten persönlichen Fürwörter stehen immer vor dem Verb, auf das sie sich beziehen.

Frage: „wem?“		Frage: „wen?“		
mir	**me**	mich	**me**	*ich*
dir	**te**	dich	**te**	*du*
ihm	**le**	ihn	**le**	*er*
ihr	**le**	sie	**la**	*sie (w Ez)*
Ihnen	**le**	Sie *(m/w)*	**le / la**	*Sie (Anrede, m/w, Ez)*
uns	**nos**	uns	**nos**	*wir*
euch	**les**	euch *(m/w)*	**los / las**	*ihr*
ihnen *(m)*	**les**	sie *(m)*	**los**	*sie (m, Mz)*
ihnen *(w)*	**les**	sie *(w)*	**las**	*sie (w, Mz)*
Ihnen *(Mz)*	**les**	Sie *(m/w)*	**les / las**	*Sie (Anrede, Mz)*

Ana me saluda.
Ana mich (sie-)grüßt
Ana grüßt mich.

Te quiero.
dich (ich-)will
Ich liebe dich.

Besitzanzeigende Fürwörter

Die unbetonten besitzanzeigenden Fürwörter (Possessivpronomen) stehen immer vor dem Hauptwort, auf das sie sich beziehen. Männliche und weibliche Formen treten nur in der 1. Person Mehrzahl („unser") auf. Dann richtet sich das besitzanzeigende Fürwort in Geschlecht nach dem Hauptwort, das den Besitz bezeichnet.

	Besitz Einzahl		Besitz Mehrzahl	
ich	mein	**mi**	meine	**mis**
du	dein	**tu**	deine	**tus**
er	sein		seine	
sie (w Ez)	ihr	**su**	ihre	**sus**
Sie (Anrede, m/w, Ez)	Ihr		Ihre	
wir	unser	**nuestro/-a**	unsere	**nuestros/-as**
ihr	euer		eure	
sie (m/w, Mz)	ihr	**su**	ihre	**sus**
Sie (Anrede, Mz)	Ihr		Ihre	

Steht der Besitz in der Mehrzahl, wird wie bei den Hauptwörtern ein -s an das besitzanzeigende Fürwort gehängt.

mi libro
mein Buch

mis libros
meine Bücher

su amigo
ihr / sein Freund

sus amigos
ihre / seine Freunde

nuestro coche
unser Auto

nuestros coches
unsere Autos

nuestra casa
unser Haus

nuestras casas
unsere Häuser

Neben diesen besitzanzeigenden Fürwörtern, die nur zusammen mit einem dazugehörigen Hauptwort stehen, gibt es weitere, nämlich die so genannten betonten besitzanzeigenden Fürwörter. Sie stehen z. B. als Ergänzung der Satzaussage in Sätzen mit dem Verb „sein" und richten sich nach dem Satzgegenstand (Subjekt) in Zahl und Geschlecht. Die Endungen sind mit denen der Eigenschaftswörter identisch.

betonte besitzanzeigende Fürwörter

mío	mein	**nuestro**	unser
tuyo	dein	**suyo**	euer
suyo	sein / ihr	**suyo**	ihr *(m/w)*
suyo	Ihr *(Anrede Ez)*	**suyo**	Ihr *(Anrede Mz)*

¿De quién son estas cosas?
von wer (sie-)sind diese Sachen
Wem gehören diese Sachen?

Son suyas.
(sie-)sind seine/ihre/Ihre
Sie gehören ihm / ihr / ihnen / Ihnen.

Este coche es mío.
dieses Auto (es-)ist meines
Dieses Auto gehört mir.

Verben

Im Spanischen unterscheidet man bei den Verben (Tätigkeitswörtern) drei Beugungsklassen, die an der jeweiligen Endung der Grundform (Infinitiv) erkennbar sind.

Grundform (Infinitiv)

Je nach Endung werden die Verben unterschiedlich gebeugt.

-ar:	**hablar**	sprechen
-er:	**comer**	essen
-ir:	**vivir**	leben

Gegenwart

Bei der Beugung ersetzt man die Endung der Grundform (-ar, -er, -ir) durch die jeweilige Endung für die Person. Der Stamm bleibt unverändert.

	habl-ar *(sprechen)*	**com-er** *(essen)*	**viv-ir** *(leben)*
ich	**habl-o**	**com-o**	**viv-o**
du	**habl-as**	**com-es**	**viv-es**
er / sie / Sie	**habl-a**	**com-e**	**viv-e**
wir	**habl-amos**	**com-emos**	**viv-imos**
ihr	**habl-an**	**com-en**	**viv-en**
sie / Sie	**habl-an**	**com-en**	**viv-en**

Der wohl wichtigste grammatikalische Unterschied zu dem auf dem Festland gesprochenen Spanisch wird sofort deutlich: Es gibt kei-

ne eigene Verbform für die 2. Person Mehrzahl („ihr"). Stattdessen verwendet man die für die Höflichkeitsform gültige Endung, die der 3. Person Mehrzahl („sie") entspricht.

Die persönlichen Fürwörter („ich, du ...") werden nur bei besonderer Betonung gebraucht. In der Wort-für-Wort-Übersetzung ist das persönliche Fürwort in Klammern zum gebeugten Verb ergänzt.

¿Ustedes hablan español?
Ihr/Sie (sie-)sprechen spanisch
Sprecht ihr / Sprechen Sie Spanisch?

Vivimos en San Sebastián de la Gomera.
(wir-)leben in San Sebastián von die Gomera
Wir leben in San Sebastián auf Gomera.

unregelmäßige Verben

Es gibt eine Anzahl von regelmäßig gebeugten Verben, bei denen sich bis auf die 1. Person Mehrzahl („wir") lediglich der Stamm verändert; die Beugungsendungen sind regelmäßig. Diese Verben lassen sich zu Gruppen zusammenfassen. Die wichtigsten sind:

- -e- wird zu -ie-, z. B. pensar *(denken)* und entender *(verstehen)*:

	pensar *(denken)*	**entender** *(verstehen)*
ich	**pienso**	**entiendo**
du	**piensas**	**entiendes**
er / sie / Sie	**piensa**	**entiende**
wir	**pensamos**	**entendemos**
ihr	**piensan**	**entienden**
sie / Sie *(Mz)*	**piensan**	**entienden**

Zu dieser Gruppe gehören u. a. auch cerrar *(schließen),* comenzar *(beginnen),* recomendar *(empfehlen),* defender *(verteidigen),* perder *(verlieren).*

▶ -o- wird zu -ue-, z. B. contar und mover:

Zu dieser Gruppe gehören u. a. auch costar *(kosten),* encontrar *(finden, treffen),* rogar *(bitten),* doler *(schmerzen),* llover *(regnen).*

	contar *(zählen)*	**mover** *(bewegen)*
ich	**cuento**	**muevo**
du	**cuentas**	**mueves**
er / sie / Sie	**cuenta**	**mueve**
wir	**contamos**	**movemos**
ihr	**cuentan**	**mueven**
sie / Sie *(Mz)*	**cuentan**	**mueven**

▶ Die letzte Gruppe schließlich bildet nur die 1. Person Einzahl („ich") unregelmäßig: -c- wird zu -zc-, z. B. conocer *(kennen)* wird zu conozco *(ich kenne)*. Alle anderen Formen sind regelmäßig. Zu dieser Gruppe gehören die meisten Verben, die auf -cer oder -ducir enden, z. B. ofrecer *(anbieten),* conducir *(Auto fahren).*

Einige Verben werden völlig unregelmäßig gebeugt. Hier eine Liste der wichtigsten in der Gegenwartsform.

dar *(geben)*
ir *(gehen)*
oír *(hören)*
venir *(kommen)*
hacer *(machen)*
decir *(sagen)*
ver *(sehen)*
poner *(legen)*
salir *(weggehen)*
saber *(wissen)*

dar	**ir**	**oír**	**venir**	**hacer**
doy	**voy**	**oigo**	**vengo**	**hago**
das	**vas**	**oyes**	**vienes**	**haces**
da	**va**	**oye**	**viene**	**hace**
damos	**vamos**	**oímos**	**venimos**	**hacemos**
dan	**van**	**oyen**	**vienen**	**hacen**
dan	**van**	**oyen**	**vienen**	**hacen**
decir	**ver**	**poner**	**salir**	**saber**
digo	**veo**	**pongo**	**salgo**	**sé**
dices	**ves**	**pones**	**sales**	**sabes**
dice	**ve**	**pone**	**sale**	**sabe**
decimos	**vemos**	**ponemos**	**salimos**	**sabemos**
dicen	**ven**	**ponen**	**salen**	**saben**
dicen	**ven**	**ponen**	**salen**	**saben**

Sein & Haben

Dem deutschen Hilfsverb „sein" entsprechen im Spanischen zwei Verben: ser und estar.

ser / estar (sein)

	ser *(sein)*	**estar** *(sein)*
ich	**soy**	**estoy**
du	**eres**	**estás**
er / sie / Sie	**es**	**está**
wir	**somos**	**estamos**
ihr	**son**	**están**
sie / Sie *(Mz)*	**son**	**están**

Mit dem Verb ser werden unabänderliche oder charakteristische Wesenszüge bezeichnet, z. B. Nationalität, Religion, Beruf, Herkunft, Charaktereigenschaften, Farben.

Für die Unterscheidung im Gebrauch von ser *und* estar *kann man sich am besten die nebenstehenden Faustregeln einprägen.*

Soy alemán / alemana.	**La puerta es de madera.**
(ich-)bin Deutscher(m/w)	*die Tür (sie-)ist von Holz*
Ich bin Deutsche/r.	Die Tür ist aus Holz.

Estar wird hingegen verwendet, wenn etwas Vorübergehendes oder eine stattgefundene Veränderung dargestellt wird. Dazu gehören insbesondere der Aufenthalt an einem Ort und das körperliche und seelische Befinden.

Él está en el restaurante.	**El poeta está muerto.**
er (er-)ist im Restaurant	*der Dichter (er-)ist tot*
Er ist im Restaurant.	Der Dichter ist tot.

Estamos muy cansados.
(wir-)sind sehr müde(m Mz)
Wir sind sehr müde.

Die Unterscheidung von ser *und* estar *wird anfangs etwas Mühe machen, ist aber sehr wichtig, wie die beiden nebenstehenden Beispiele veranschaulichen.*

Paco es recepcionista en el hotel.
Paco (er-)ist Rezeptionist in das Hotel
Paco ist Rezeptionist im Hotel.
(= es ist sein Beruf)

Paco está recepcionista en el hotel.
Paco (er-)ist Rezeptionist in das Hotel
Paco arbeitet *(= momentan)* als Rezeptionist im Hotel.

Zu beachten ist in Sätzen mit ser oder estar, dass ein Eigenschaftswort als Ergänzung der Satzaussage sich in Zahl und Geschlecht nach dem Satzgegenstand (Subjekt) richtet.

Eres guapo.	**Eres guapa.**
(du-)bist schön	*(du-)bist schön(w)*
Du bist schön.	Du bist schön.
(gesagt zu einem Mann)	*(gesagt zu einer Frau)*

tener / haber (haben)

Das deutsche Verb „haben“ hat im Spanischen ebenfalls zwei Entsprechungen: Dabei bedeutet tener „haben“ im Sinne von „besitzen“, ist also kein Hilfsverb. Zur Bildung der zusammengesetzten Vergangenheitsformen wird ausschließlich haber verwendet (vgl. Kap. „Vergangenheit“).

	tener	haber
ich	tengo	he
du	tienes	has
er / sie / Sie	tiene	ha
wir	tenemos	hemos
ihr	tienen	han
sie / Sie *(Mz)*	tienen	han

Zur 3. Person Einzahl existiert außerdem die unpersönliche Nebenform hay *(es gibt), die sehr häufig gebraucht wird.*

Hay mucho viento.
es-gibt viel Wind
Es weht ein starker Wind.

Das unpersönliche hay tritt zudem in dem wichtigen Ausdruck hay que *(man muss)* auf:

Hay que comprar un billete.
es-gibt dass kaufen eine Fahrkarte
Man muss eine Fahrkarte kaufen.

Weitere Zeitformen

Die Möglichkeiten der Zeitenbildung sind im Spanischen reichhaltiger als im Deutschen. Diese darzustellen, würde jedoch den Rahmen des Kauderwelsch-Sprachführers sprengen. Daher werden im Folgenden nur zwei Formen der Vergangenheit sowie der Zukunft vorgestellt. Damit wird man zwar nicht in jedem Fall korrekt sprechen, sich aber immer verständlich machen können.

Partizip II (Mittelwort der Vergangenheit)

Für die Bildung der vollendeten Gegenwart (Perfekt), z. B. „ich bin gegangen", braucht man zunächst das Partizip II (z. B. „gegangen"). Dabei wird die Endung der Grundform durch die Endung des Partizips ersetzt:

-ar *wird zu* -ado:	**hablar** sprechen	**hablado** gesprochen
-er *wird zu* -ido:	**comer** essen	**comido** gegessen
-ir *wird zu* -ido:	**vivir** leben	**vivido** gelebt

Ausnahmen

abrir öffnen	**abierto** geöffnet
decir sagen	**dicho** gesagt
escribir schreiben	**escrito** geschrieben
hacer machen, tun	**hecho** gemacht
poner stellen, legen	**puesto** gestellt
ver sehen	**visto** gesehen

Perfekt (vollendete Gegenwart)

Für das Perfekt (z. B. „ich bin gegangen") kombiniert man die Gegenwartsformen des Hilfsverbs haber *(haben)* mit dem Partizip II des jeweiligen Verbs. Nur haber wird personengebeugt, das Partizip bleibt unverändert.

Achtung: Anders als im Deutschen werden mit dem Hilfsverb „sein" niemals zusammengesetzte Zeiten gebildet!

he ...	ich habe ...	
has ...	du hast ...	
ha ...	er / sie hat ...	**hablado**
hemos ...	wir haben ...	gesprochen
han ...	ihr habt ...	
han ...	sie haben ...	

Das Perfekt wird im Allgemeinen für eine Handlung der Vergangenheit benutzt, die erst kürzlich geschehen ist bzw. noch Auswirkungen auf die Gegenwart hat.

He llegado hoy.
(ich-)habe angekommen heute
Ich bin heute angekommen.

Siempre hemos comido en este restaurante.
immer (wir-)haben gegessen in diesem Restaurant
Wir haben immer in diesem Restaurant gegessen. *(... und tun es noch bis heute)*

Im Satz gilt die Perfekt-Konstruktion (haber + Partizip II) als geschlossene Einheit, in die nichts eingefügt wird.

Indefinido (einfache Vergangenheit)

Eine weitere Vergangenheitsform ist das Indefinido, das der deutschen einfachen Vergangenheit entspricht, z. B. „ich ging". Dabei handelt es sich nicht um eine zusammengesetzte Zeit, sondern um eine eigene Beugungsform (mit eigenen Endungen).

Verben auf -er und -ir haben die gleichen Beugungsendungen (in der Tabelle durch Bindestriche hervorgehoben).

	habl-ar *(sprechen)*	**com-er** *(essen)*	**vir-ir** *(leben)*
ich	**habl-é**	**com-í**	**viví**
du	**habl-aste**	**com-iste**	**viv-iste**
er / sie / Sie	**habl-ó**	**com-ió**	**viv-ió**
wir	**habl-amos**	**com-imos**	**viv-imos**
ihr	**habl-aron**	**com-ieron**	**viv-ieron**
sie / Sie	**habl-aron**	**com-ieron**	**vivi-ieron**

Das Indefinido bezeichnet abgeschlossene Ereignisse in der Vergangenheit. Es ist im

Spanischen sehr häufig und wird auch dort verwendet, wo man im Deutschen in der gesprochenen Sprache vorwiegend das Perfekt gebraucht.

Auf den Kanarischen Inseln ist das Indefinido *die gebräuchlichste Vergangenheitsform.*

Ayer comí con ella.
gestern (ich-)aß mit sie
Gestern habe ich mit ihr gegessen.

Él vivió dos años en Los Llanos.
er (er-)lebte zwei Jahre in Los Llanos
Er hat zwei Jahre in Los Llanos gelebt.

Zu beachten ist, dass ser *(sein) und das unregelmäßige Verb* ir *(gehen) die gleichen Formen im* Indefinido *bilden. So kann z. B.* fue *sowohl „er war" als auch „er ging" bedeuten.*

einfache Vergangenheit von „sein / haben"

	ser *(sein)*	estar *(sein)*	tener *(besitzen)*
ich	**fui**	**estuve**	**tuve**
du	**fuiste**	**estuviste**	**tuviste**
er / sie / Sie	**fue**	**estuvo**	**tuvo**
wir	**fuimos**	**estuvimos**	**tuvimos**
ihr	**fueron**	**estuvieron**	**tuvieron**
sie / Sie	**fueron**	**estuvieron**	**tuvieron**

Fui a casa.
(ich-)ging nach Hause
Ich ging nach Hause.

Fui en casa.
(ich-)war in Haus
Ich war zu Hause.

Für haber *(haben)* reicht es zunächst aus, sich die 3. Person Einzahl zu merken: hubo. Diese Form ist nämlich zugleich die Vergangenheitsform des unpersönlichen hay *(es gibt)* und wird demnach mit „es gab" übersetzt.

Zukunft

Das einfachste Verfahren, zukünftige Dinge auszudrücken, besteht darin, die Gegenwartsform in Verbindung mit der entsprechenden Zeitangabe zu verwenden, z. B. „ich gehe morgen" anstatt „ich werde morgen gehen".

Die Verwendung der Gegenwarts- statt der Zukunftsform ist zwar streng genommen nur in wenigen Situationen grammatikalisch korrekt, aber man kann sich damit zumeist gut verständlich machen.

Mañana visitamos el museo.
morgen (wir-)besuchen das Museum
Morgen besuchen wir das Museum.

In vielen Fällen kann man sich auch mit einer Konstruktion behelfen, die in der Regel zur Bezeichnung der nahen Zukunft dient. Dazu kombiniert man die gebeugte Form von ir *(gehen)* mit dem Verhältniswort a (etwa „zu") und der Grundform des jeweiligen Verbs, das in die Zukunft gesetzt werden soll. Ir *(gehen)* ist ein unregelmäßiges Verb.

Voy a salir.
(ich-)gehe zu weggehen
Ich werde gleich weggehen.

Voy a pagar la cuenta mañana.
(ich-)gehe zu bezahlen die Rechnung morgen
Ich werde die Rechnung morgen bezahlen.

Neben den oben genannten Möglichkeiten, Zukünftiges auszudrücken, gibt es für die Zukunft eine völlig eigenständige Beugungsform (im Spanischen futuro imperfecto genannt).

Die Beugungsendungen für die Zukunft sind bei allen Verben gleich und werden an den vollständigen Infinitiv angehängt.

hablar	sprechen
hablar-é	ich werde sprechen
hablar-as	du wirst sprechen
hablar-á	er / sie / Sie wird/werden sprechen
hablar-emos	wir werden sprechen
hablar-án	ihr werdet sprechen
hablar-án	sie / Sie werden sprechen

Estará contento / contenta con la habitación.
(er/sie-)sein-wird zufrieden(m/w) mit das Zimmer
Er / Sie wird / Sie werden mit dem Zimmer zufrieden sein.

Comeremos una parrilla de pescado.
(wir-)essen-werden eine Grillplatte von Fisch
Wir werden eine Fisch-Grillplatte essen.

Können, Müssen & Sollen

Die Modalverben werden im Allgemeinen in Verbindung mit Vollverben gebraucht und geben der Satzaussage einen zusätzlichen Bedeutungsaspekt (Möglichkeit, Notwendigkeit, Verpflichtung usw.).

Exakte Entsprechungen zwischen den deutschen und spanischen Modalverben gibt es nicht.

	poder	saber	querer
ich	**puedo**	**sé**	**quiero**
du	**puedes**	**sabes**	**quieres**
er / sie	**puede**	**sabe**	**quiere**
wir	**podemos**	**sabemos**	**queremos**
ihr	**pueden**	**saben**	**quieren**
sie / Sie	**pueden**	**saben**	**quieren**

	deber	**tener que**
ich	**debo**	**tengo que**
du	**debes**	**tienes que**
er / sie	**debe**	**tiene que**
wir	**debemos**	**tenemos que**
ihr	**deben**	**tienen que**
sie / Sie	**deben**	**tienen que**

poder / saber **(können)**

Mit poder wird eine Möglichkeit oder Fähigkeit ausgedrückt, die von äußeren Umständen, vom Willen oder von einer Erlaubnis abhängt.

Mit saber *(können, wissen) bezeichnet man eine erlernte oder angeborene Fähigkeit.*

¡No puedo más!
nicht (ich-)kann mehr
Ich kann nicht mehr!

Sé un poco español.
(ich-)weiß ein wenig spanisch
Ich kann ein wenig Spanisch.

querer **(wollen)**

Möchte man einen Willen oder Wunsch ausdrücken, verwendet man das Verb querer.

Queremos ir a la playa.
(wir-)wollen gehen zu der Strand
Wir wollen zum Strand gehen.

Bei einem höflich geäußerten Wunsch benutzt man statt queremos / quiero die Konjunktivform quisiera / quisiéramos *(ich möchte / wir möchten).*

Als Vollverb hat querer *die Bedeutung „lieben".*

Te quiero.
dich (ich-)will
Ich liebe dich.

deber (müssen, sollen, dürfen)

Mit deber wird zumeist eine Notwendigkeit bezeichnet, die sich aus einer Verpflichtung ergibt.

Debemos apoyar este plan.
(wir-)müssen unterstützen dieser Plan
Wir müssen diesen Plan unterstützen.

No debes hacerlo.
nicht (du-)darfst machen-es
Du darfst das nicht tun.

Wichtig: deber *als Vollverb bedeutet „schulden", „(jemandem etwas) schuldig sein".*

¿Qué le / Le debo?
was ihm/ihr / Ihnen (ich-)schulde
Was schulde ich ihm / ihr / Ihnen?

tener que (müssen)

Mit tener que wird eine Notwendigkeit bzw. ein äußerer Zwang angezeigt.

Tengo que trabajar duro para ganar mi vida.
(ich-)besitze dass arbeiten hart für verdienen mein Leben
Ich muss hart arbeiten, um meinen Lebensunterhalt zu verdienen.

Rückbezügliche Verben

Rückbezügliche (reflexive) Verben haben im Infinitiv (Grundform) stets die zusätzliche Endung **-se** („sich"), z. B. **lavarse** *(sich waschen)*. Bei der Beugung trennt sich **-se** vom Infinitiv und wird zu einem selbständigen rückbezüglichen Fürwort, das dann vor dem Verb steht.

lavarse *waschen-sich*	sich waschen
me lavo *mich (ich-)wasche*	ich wasche mich
te lavas *dich (du-)wäschst*	du wäschst dich
se lava *sich (er/sie-)wäscht*	er / sie wäscht sich
nos lavamos *uns (wir-)waschen*	wir waschen uns
se lavan *sich (sie-)waschen*	ihr wascht euch
se lavan *sich (sie-)waschen*	sie waschen sich

Im Satz nimmt das rückbezügliche Fürwort eine andere Position ein als im Deutschen. Normalerweise steht es direkt vor dem gebeugten Verb. In einer Konstruktion mit Modalverben wird es jedoch an den Infinitiv angehängt.

Se lava la cara.
sich (er/sie-)wäscht das Gesicht
Er / Sie wäscht sich das Gesicht.

Tengo que lavarme las manos.
(ich-)besitze dass waschen-mich die Hände
Ich muss mir die Hände waschen.

Rückbezügliche Verben

Neben vielen Verben, die wie im Deutschen rückbezüglich sind oder entsprechend verwendet werden können (wie z. B. lavar *waschen*, lavarse *sich waschen*), gibt es Verben, die im Spanischen immer rückbezüglich sind, im Deutschen aber nicht. Dazu gehören z. B.:

llamarse	heißen
casarse	heiraten
despertarse	aufwachen
levantarse	aufstehen
acostarse	schlafen gehen
bañarse	baden
quedarse	bleiben
irse	weggehen
detenerse	stehen bleiben
callarse	schweigen

Me voy.
mich (ich-)gehe
Ich gehe weg.

Me llamo Peter.
mich (ich-)nenne Peter
Ich heiße Peter.

Das rückbezügliche se wird auch verwendet, um das deutsche „man“ auszudrücken.

Se venden puros.
sich (sie-)verkaufen Zigarren
Man verkauft Zigarren.

Se habla alemán.
sich (es-)spricht deutsch
Man spricht Deutsch.

Es preferible quedarse en el hotel.
(es-)ist vorzugsweise bleiben-sich in das Hotel
Es ist besser, im Hotel zu bleiben.

Verneinung

Aussagesätze werden durch ein no *(nein, nicht)* verneint, das grundsätzlich vor der Satzaussage (Prädikat) steht. Im Spanischen wird auch dann das Verb verneint, wenn sich im Deutschen die Verneinung auf das Hauptwort bezieht („kein").

No tengo tiempo.
nicht (ich-)besitze Zeit
Ich habe keine Zeit.

Die verneinten unbestimmten Fürwörter (negative Indefinitpronomen) wie „niemand", „nichts", „niemals" benötigen im Spanischen eine besondere Konstruktion, die eigentlich eine doppelte Verneinung darstellt. Dabei wird das Verb mit no *(nein, nicht)* verneint und das spezielle Verneinungswort in der Regel an den Schluss des Satzes gestellt.

no ... ninguno	keiner *(m)*
no ... ninguna	keine *(w)*
no ... tampoco	auch nicht
no ... nada	nichts
no ... nadie	niemand
no ... nunca	niemals
no ... jamás	niemals
no ... en ninguna parte	nirgends
no ... a ninguna parte	nirgendwohin
no ... de ninguna parte	nirgendwoher

Es ist unbedingt zu beachten, dass eine doppelte Verneinung keinen positiven Sinn ergibt.

Die Verneinung des Verbs mit no *entfällt nur dann, wenn ein negatives unbestimmtes Fürwort dem Verb vorangestellt wird.*

No entiendo nada.
nicht (ich-)verstehe nichts
Ich verstehe nichts.

Nunca he comido tanto.
niemals (ich-)habe gegessen soviel
Nie habe ich so viel gegessen.

Ella tampoco sabe la verdad.
sie auch-nicht (sie-)weiß die Wahrheit
Auch sie kennt die Wahrheit nicht.

Fragen

Man unterscheidet zwischen Entscheidungs- und Ergänzungsfragen.

Entscheidungsfragen

Entscheidungsfragen sind Fragen, die man nur mit sí *(ja)* oder no *(nein)* beantworten kann.

In der Regel wird in der Frage Satzgegenstand (Subjekt) und Satzaussage (Prädikat) gegenüber der Wortstellung im normalen Aussagesatz vertauscht.

Este es el camino hacia ...
dies (es-)ist der Weg nach ...
Dies ist der Weg nach ...

¿Es este el camino hacia ... ?
(es-)ist dies der Weg nach ...
Ist dies der Weg nach ... ?

Es ist im Prinzip auch möglich, die Wortfolge des Aussagesatzes beizubehalten und nur mittels der Satzmelodie anzuzeigen, dass es sich um eine Frage handelt.

¿Este es el camino hacia ... ?
(es-)ist dies der Weg nach ...
Ist dies der Weg nach ... ?

Ergänzungsfragen

¿quién?	wer?
¿cuál?	welche/r?
¿qué?	was?
¿cuánto?	wie viel?
¿cuánto tiempo? *wie-viel Zeit*	wie lange?
¿cuántos? *(m)*	wie viele?
¿cuántas? *(w)*	wie viele?
¿cómo?	wie?
¿cuándo?	wann?
¿por qué?	warum?
¿para qué?	wofür?
¿dónde?	wo?
¿adónde?	wohin?
¿de dónde?	woher?

Ergänzungsfragen werden durch Fragewörter eingeleitet; man antwortet darauf mit einem vollständigen Satz. Auch hier werden Satzgegenstand (Subjekt) und Satzaussage (Prädikat) in der Regel umgestellt.

¿Dónde está la Plaza de la Constitución?
wo (er-)ist die Platz von die Verfassung
Wo ist die Plaza de la Constitución?

¿Cuándo viene tu hermana?
wann (sie-)kommt deine Schwester
Wann kommt deine Schwester?

Etliche Fragewörter sind mit Bindewörtern identisch. Um sie von diesen zu unterscheiden, werden Fragewörter mit einem Akzent geschrieben, Bindewörter aber nicht. Beispiel: ¿cuándo? *(wann?)*, aber cuando *(wenn, als)*.

Hola, ¿cómo le va?
hallo wie ihm/ihr (es-)geht
Hallo, wie geht es Ihnen?

¿Cómo te llamas?
wie dich (du-)rufst
Wie heißt du?

¿Cuándo llega la guagua?
wann (er-)ankommt der Bus
Wann kommt der Bus an?

¿Dónde vives?
wo (du-)wohnst
Wo wohnst du?

¿Cuánto vale el trayecto?
wie-viel (es-)wert-ist die Überfahrt
Wie viel kostet die Überfahrt?

¿Quién es ese?
wer (er-)ist jener
Wer ist das?

¿Qué es esto?
was (es-)ist das
Was ist das?

Auffordern & Befehlen

Die Bildung der Befehlsform (Imperativ) ist einfach, wenn man den Ansprechpartner duzt. Dann ist die Befehlsform mit der 3. Person Einzahl Gegenwart („er / sie ...“) identisch.

habla	er / sie spricht	**¡habla!**	sprich!
come	er / sie isst	**¡come!**	iss!
vive	er / sie lebt	**¡vive!**	leb!

¡Habla más alto!
(er/sie-)spricht(!) mehr laut
Sprich lauter!

¡Come, Paco!
(er-)isst(!), Paco
Iss, Paco!

Fordert man mehrere Personen, die man duzt, zu etwas auf, geht man von der 3. Person Mehrzahl („sie") aus: Die Endung -an wird durch -en, und -en wird durch -an ersetzt:

hablan	sie sprechen	**¡hablen!**	sprecht!
comen	sie essen	**¡coman!**	esst!
viven	sie leben	**¡vivan!**	lebt!

Wird eine Person gesiezt, geht man von der Du-Befehlsform (Einzahl) aus: Die Endung -a wird regelmäßig durch -e, und -e durch -a ersetzt (im Spanischen ist dies die Möglichkeitsform, genannt subjuntivo).

Für mehrere gesiezte Personen wird die gleiche Form wie für mehrere geduzte Personen verwendet.

¡habla!	sprich!	**¡hable!**	sprechen Sie!
¡come!	iss!	**¡coma!**	essen Sie!
¡vive!	leb!	**¡viva!**	leben Sie!

Oft wird der Sie-Befehlsform darüber hinaus Usted (Einzahl) bzw. Ustedes (Mehrzahl) nachgestellt:

¡Hable Usted!
(er/sie-)spreche(!) Sie
Sprechen Sie!

¡Hablen Ustedes!
(sie-)sprechen(!) Sie(Mz)
Sprechen Sie *(Mz)*!

wichtige unregelmäßige Befehlsformen

venir	**¡ven!**	**¡venga!**
kommen	komm!	kommen Sie!
ir(se)	**¡ve(te)!**	**¡vaya(se)!**
gehen	geh!	gehen Sie!
salir	**¡sal!**	**¡salga!**
weggehen	geh weg!	gehen Sie weg!
ver	**¡ve!**	**¡vea!**
sehen	sieh!	sehen Sie!
oír	**¡oye!**	**¡oiga!**
hören	hör!	hören Sie!
decir	**¡di!**	**¡diga!**
sagen	sag!	sagen Sie!
hacer	**¡haz!**	**¡haga!**
machen	mach!	machen Sie!
dar	**¡da!**	**¡dé!**
geben	gib!	geben Sie!
estar	**¡está!**	**¡esté!**
sein	sei!	seien Sie!
ser	**¡sé!**	**¡sea!**
sein	sei!	seien Sie!
haber	**¡he!**	**¡haya!**
haben	habe!	haben Sie!
tener	**¡ten!**	**¡tenga!**
haben	habe!	haben Sie!

¡Tomen Ustedes esto!
(sie-)nehmen(!) Sie(Mz) dieses
Nehmen Sie *(Mz)* das hier!

¡Ven aquí!
(er/sie-)kommt(!) hier
Komm her!

Verneinung der Befehlsform

Die Sie-Befehlsform wird mit vorangestelltem no *(nicht)* verneint.

¡hable!	sprechen Sie!
¡no hable!	sprechen Sie nicht!
¡haga!	machen Sie!
¡no haga!	machen Sie nicht!

Die Verneinung der Du-Befehlsform ist etwas komplizierter, da nicht nur no *(nicht)* vorangestellt wird, sondern sich auch die Endung ändert. Im Spanischen steht hier die Möglichkeitsform (subjuntivo) der 2. Person, den man bildet, indem man ein -s an die Sie-Befehlsform anfügt:

¡no hables!	sprich nicht!
¡no comas!	iss nicht!
¡no vivas!	leb nicht!

Noch eine Besonderheit bleibt hier zu erwähnen: Werden die gebeugten persönlichen oder die rückbezüglichen Fürwörter in eine Befehlsform eingebaut, so werden sie stets an diese angehängt:

me dice	*mir (er/sie-)sagt*	er / sie sagt mir
¡dime!	*(du-)sag(!)-mir*	sag mir!
se va	*sich (er/sie-)weggeht*	er / sie geht weg
¡vete!	*(du-)weggeh(!)-dich*	geh weg!

Verlaufsform

Die Verlaufsform, wie sie sehr häufig im Spanischen Verwendung findet, ist eine Konstruktion, die in vergleichbarer Form im Deutschen nicht benutzt wird (wohl aber im Englischen). Bezeichnet wird damit eine gerade ablaufende Handlung.

Die Verlaufsform setzt sich aus der jeweiligen gebeugten Form von estar *(sein)* und dem Partizip I (Mittelwort der Gegenwart, z. B. „sprechend", „essend") zusammen.

Das Partizip I wird ganz regelmäßig gebildet, indem die Endung des Infinitivs (Grundform) durch -ando bzw. -iendo ersetzt wird.

-ar *wird zu* **-ando**	
hablar sprechen	**hablando** sprechend
-er *wird zu* **-iendo**	
comer essen	**comiendo** essend
-ir *wird zu* **-iendo**	
vivir leben	**viviendo** lebend

Estoy escribiendo una carta.
(ich-)bin schreibend ein Brief
Ich schreibe gerade einen Brief.

Bindewörter

Aus der Vielzahl der Bindewörter (Konjunktionen), die Sätze oder Satzteile verknüpfen, seien hier einige der wichtigsten genannt. Im Prinzip werden sie wie im Deutschen verwendet.

y	und
o	oder
pero	aber
porque	weil
que	dass; denn, da; welcher (-e, -es)
si	wenn, falls; ob
cuando	wenn, als, sobald
sino	sondern
sin embargo	jedoch
aunque	obwohl

Einige Bindewörter werden in verschiedenen Bedeutungen verwendet.

Si viene él, yo me quedo.
wenn (er-)kommt er ich mich (ich-)bleibe
Wenn er kommt, bleibe ich hier.

Me pregunto si viene ella.
mich (ich-)frage ob (sie-)kommt sie
Ich frage mich, ob sie kommt.

Que übernimmt die Bedeutung des deutschen „dass“, tritt aber auch als Relativpronomen „welcher, welche, welches“ oder als Vergleichspartikel „als“ im Vergleichssatz auf:

Dice que viene pronto.
(er-)sagt dass (er-)kommt bald
Er sagt, dass er bald kommt.

Pablo trabaja mejor que otros.
Pablo (er-)arbeitet besser als andere
Pablo arbeitet besser als andere.

La mujer que viene es mi profesora.
die Frau welche kommt (sie-)ist meine Lehrerin
Die Frau, die kommt, ist meine Lehrerin.

Verhältniswörter

Um den richtigen Gebrauch der Verhältniswörter (Präpositionen) zu erlernen, braucht man ein bisschen Übung, auch wenn die meisten in der Regel wie im Deutschen verwendet werden.

a	nach, zu
en	in, an, auf
hacia	gegen *(in Richtung)*
contra	gegen
bajo	unter
sobre	auf
entre	zwischen
fuera de	außerhalb von
dentro de	innerhalb von
junto a	neben
delante de	vor
detrás de	hinter
cerca de	nahe bei
con	mit
sin	ohne
hasta	bis
de	von, aus
desde	von ... aus, seit
para	für
por	wegen, durch, für

Insbesondere die Unterscheidung von para *und* por *sollten Sie sich einprägen! Beide werden oft mit „für" übersetzt. Mit* para *wird der Empfänger, eine Zweckbestimmung oder auch eine persönliche Ansicht („für mich ist das schön") bezeichnet.*

Esta hamaca es para mi amiga.
diese Strandliege (sie-)ist für meine Freundin
Diese Strandliege ist für meine Freundin.

Se queda en la casa por la lluvia.
sich (er-)bleibt in das Haus wegen der Regen
Er bleibt zu Haus, weil es regnet.

Viaja por Canarias.
(er-)reist für Kanaren
Er reist über die Kanarischen Inseln.

Beim Hinweis auf ein benutztes Verkehrsmittel benutzt man nicht wie im Deutschen con *(mit)*, sondern en *(in)*:

No vamos en taxi, sino en guagua.
nicht (wir-)gehen in Taxi sondern in Bus
Wir fahren nicht mit dem Taxi, sondern mit dem Bus.

Stehen die Verhältniswörter a und de vor dem bestimmten männlichen Artikel el, verschmelzen sie mit diesem zu einer neuen Form:

a	**+ el**	**=**	**al**	(zu dem, zum, nach dem)
de	**+ el**	**=**	**del**	(von dem, vom)

Vamos al médico.
(wir-)gehen zu-der Arzt
Wir gehen zum Arzt.

Mit dem weiblichen Artikel la und den Artikeln in der Mehrzahl (las, los) verschmelzen die Verhältniswörter jedoch nie!

Por *dient zur Angabe eines Grundes oder einer Ursache („wegen"), aber auch als Orts- oder Zeitangabe. Bei der Bedeutung „wegen" gibt es teilweise Berührungspunkte mit unserem „für":* Lo hice por ti *„Ich habe das für dich getan" = deinetwegen; aber* Lo hice para ti *„Ich habe das für dich getan" = zu deinem Vorteil. Das Spanische legt auf diese Bedeutungsnuance größeren Wert als das Deutsche.*

Zahlen & Zählen

Für die Grundzahl „eins“ gibt es sowohl eine männliche als auch eine weibliche Form!

Bei den zusammengesetzten Zahlen stellt man die Einer den Zehnern nach, diese wiederum den Hundertern usw. Zwischen Zehner und Einer wird ein y *(und) geschoben. Ausnahmen sind lediglich die zusammengesetzten Zahlen von 21 bis 29, hier heißt es* veintiuno, veintidos ...

Grundzahlen

0	cero	10	diez
1	uno, una	11	once
2	dos	12	doce
3	tres	13	trece
4	cuatro	14	catorce
5	cinco	15	quince
6	seis	16	dieciséis
7	siete	17	diecisiete
8	ocho	18	dieciocho
9	nueve	19	diecinueve

20	veinte	70	setenta
30	treinta	80	ochenta
40	cuarenta	90	noventa
50	cincuenta	100	cien
60	sesenta	101	ciento uno / una

veintitrés cabras
zwanzig-und-drei Ziegen
23 Ziegen

cuarenta y un euros
vierzig und ein Euros
41 Euro

trescientas treinta y tres botellas
dreihundert dreißig und drei Flaschen
333 Flaschen

aber: **tres euros con veinte (céntimos)**
drei Euros mit zwanzig (Cents)
3 Euro 20 (Cents)

In allen zusammengesetzten Zahlen bis 200 heißt „100" ciento, ab 200 steht das Zahlwort in der Mehrzahl. Abhängig vom grammatischen Geschlech gezählten-Hauptwortes heißt es dann cientas (w Mz) oder cientos (m Mz).

Ordnungszahlen

Ordnungszahlen verhalten sich wie Eigenschaftswörter und richten sich in Zahl und Geschlecht nach dem dazugehörigen Hauptwort, dem sie in der Regel vorangestellt sind. Die weibliche Ordnungszahl erhält man, indem man die Endung -o durch -a ersetzt.

primero	erster	**séptimo**	siebter
segundo	zweiter	**octavo**	achter
tercero	dritter	**noveno**	neunter
cuarto	vierter	**décimo**	zehnter
quinto	fünfter	**undécimo**	elfter
sexto	sechster	**duodécimo**	zwölfter

Bei den Ordnungszahlen primero (erster) und tercero (dritter) entfällt die Endung -o vor männlichen Hauptwörtern.

el primer plato
der erste Gang

el segundo plato
der zweite Gang

Es la primera vez que estoy en las Islas Canarias.
Es ist das erste Mal, dass ich auf den Kanarischen Inseln bin.

Bruchzahlen

medio	**un tercio**	**un cuarto**
einhalb; Hälfte	ein Drittel	ein Viertel

Zeit & Datum

Allgemeine Zeitangaben, wie „gestern“, „heute“, „morgen“ usw. findet man in der rechten Innenseite der Umschlagklappe.

Una hora menos en Canarias *(eine Stunde weniger auf den Kanaren)* heißt es im spanischen Fernsehen und im Radio. Weil die Inseln auf einem anderen Längengrad liegen als das Festland, gilt die Mitteleuropäische Zeit minus einer Stunde: Wer auf den Kanaren landet, muss seine Uhr also um eine Stunde zurückstellen.

hace una semana
(es-)macht eine Woche
vor einer Woche

desde ayer
seit gestern
seit gestern

a partir de hoy en tres días
von weggehen von heute in drei Tagen
heute in drei Tagen

Uhrzeit

Da hora (Stunde) ein weibliches Hauptwort ist, werden jeweils die weiblichen Formen gewählt. Ab „2 Uhr“ steht der weibliche Artikel in der Mehrzahl.

Zur Angabe der Uhrzeit wird das Verb ser *(sein)* benutzt. Die Stunde wird immer mit dem bestimmten Artikel genannt.

¿Qué hora es?
was Stunde (sie-)ist
Wie spät ist es?

Es la una.
(sie-)ist die(Ez) eine(w)
Es ist ein Uhr.

Son las dos.
(sie-)sind die(Mz) zwei
Es ist zwei Uhr.

Son las tres.
(sie-)sind die(Mz) drei
Es ist drei Uhr.

de la mañana *von der Morgen*	morgens
de la tarde *von die spät*	nachmittags *(ab ca. 14 Uhr)*
de la noche *von der Nacht*	abends / nachts *(ab ca. 20 Uhr)*

Im Allgemeinen werden auf den Kanaren die Stunden nur im 12-Stunden-Rhythmus gezählt. Eine Angabe wie „18 Uhr" ist unüblich. Um Missverständnisse zu vermeiden, kann die Tageszeit hinzugefügt werden.

Son las seis de la manaña.
(sie-)sind die(Mz) sechs von der Morgen
Es ist sechs Uhr in der Früh (6 Uhr).

Son las seis de la tarde.
(sie-)sind die(Mz) sechs von die spät
Es ist sechs Uhr abends (18 Uhr).

las cinco y diez	*die fünf und zehn*	5:10
ocho menos cinco	*acht weniger fünf*	7:55
las dos y media	*die zwei und halb*	2:30
tres menos cuarto	*drei weniger Viertel*	2:45

Minuten, Viertelstunden und halbe Stunden werden zu den vollen Stunden mit y *hinzugezählt oder von der folgenden vollen Stunde mit* menos *(weniger) abgezogen.*

Es mediodía.
(es-)ist Mittag
Es ist 12 Uhr mittags.

Es medianoche.
(es-)ist Mitternacht
Es ist Mitternacht.

Son las dos en punto.
sind die zwei in Punkt
Es ist genau zwei Uhr.

Son las dos y pico.
sind die zwei und Spitze
Es ist kurz nach zwei.

¿A qué hora vienes?
zu was Stunde (du-)kommst
Um wie viel Uhr kommst du?

A las cinco y pico.
zu die 5 und Spitze
Kurz nach 5.

Wendungen wie „am Montag“ oder „montags“ werden im Spanischen mit dem bestimmten Artikel ausgedrückt.

Wochentage

lunes *(m)*	Montag
martes *(m)*	Dienstag
miércoles *(m)*	Mittwoch
jueves *(m)*	Donnerstag
viernes *(m)*	Freitag
sábado	Samstag
domingo	Sonntag
día *(m)* **festivo**	Feiertag

¿Qué día es hoy?
was Tag (es-)ist heute
Welcher Tag ist heute?

Hoy es lunes.
heute (es-)ist Montag
Heute ist Montag.

Nos vemos el martes.
uns (wir-)sehen der Dienstag
Wir treffen uns am Dienstag.

Monate

enero	Januar	**julio**	Juli
febrero	Februar	**agosto**	August
marzo	März	**septiembre**	September
abril	April	**octubre**	Oktober
mayo	Mai	**noviembre**	November
junio	Juni	**diciembre**	Dezember

en diciembre
in Dezember
im Dezember

en el mes de enero
in der Monat von Januar
im Monat Januar

¿Qué fecha tenemos?
was Datum (wir-)besitzen
Welches Datum haben wir?

Beim Datum wird lediglich der Erste des Monats als Ordnungszahl angegeben, sonst werden die Tage mit den Grundzahlen benannt. Bei den Jahreszahlen zählt man nicht mit Vielfachen von Hundert („Neunzehnhundert"), sondern mit mil *(tausend).*

el primero de enero
der erste von Januar
der 1. Januar

el cuatro de abril
der vier von April
der 4. April

Nací el seis de mayo de mil novecientos sesenta y cuatro.
(ich-)wurde-geboren der sechs von Mai von tausend neunhundert sechzig und vier
Ich wurde am 6. Mai 1964 geboren.

Jahreszeiten

Die Jahreszeitenbezeichnungen werden immer mit dem bestimmten Artikel verwendet.

la primavera	der Frühling
el verano	der Sommer
el otoño	der Herbst
el invierno	der Winter

Trotz des auf den Kanaren herrschenden „ewigen Frühlings" werden schon geringe Temperaturschwankungen als Wechsel der Jahreszeiten empfunden. So ist es für die Canarios ganz normal, von verano *(Sommer)* und invierno *(Winter)* zu sprechen.

Im Sommer geht man mit Kind und Kegel an den Strand, im Winter gehört die playa *meist den Touristen, die selbst „kühle" Temperaturen von 20 °C nicht schrecken.*

Kurz-Knigge

Kein Mitteleuropäer erlebt auf den Kanaren einen Kulturschock: Die Inseln gehören zu Spanien und damit zur Europäischen Union. Man muss sich auf keine fremde Währung einstellen, geschweige denn irgendwelche besonderen Gesetze beachten. Das Fernsehen und der Tourismus haben viele Mentalitätsunterschiede eingeebnet. Die großen Hafenstädte Las Palmas (Gran Canaria) und Santa Cruz (Teneriffa) waren ohnehin seit jeher kosmopolitisch. Heute würde es keinem Tourismusmanager mehr einfallen, mit dem Slogan España es diferente *(Spanien ist anders)* zu werben; stattdessen heißt es jetzt Canarias – un destino seguro *(Die Kanaren – ein sicheres Reiseziel)*. Ein paar Unterschiede im Alltagsverhalten haben sich freilich erhalten. Wer sie kennt, wird vor manch unangenehmer Überraschung bewahrt.

Kanarier legen viel Wert auf „korrekte" Kleidung. Keinesfalls möchten sie mit den guiris *(Touristen)* verwechselt werden, die im Winter (wohlgemerkt bei über 20 °C!) Shorts und Sandalen tragen und mit ärmellosem T-Shirt ins Restaurant gehen. Gleichgültig, welche Temperaturen herrschen, trägt der kanarische Mann ab ca. Mitte Oktober geschlossene Schuhe und legt sie erst Ostern wieder ab. Frauen wird mehr Freizügigkeit zugebilligt, sie dürfen auch im Winter Sandaletten, offene Tops und kurze Röcke tragen.

Stierkampf & Co.

Zwar ist Stierkampf auf den Kanaren tabu, doch heißt dies nicht, dass Kanarier besonders tierlieb wären. So sind auf La Palma der Hahnenkämpfe (riñas de gallos) beliebt, bei dem die scharf gemachten Tiere aufeinander gehetzt werden.

Tag & Nacht

Auch wenn Bars schon im Morgengrauen öffnen, heißt dies nicht, dass der kanarische Alltag früh begänne. Meist findet man in der Bar nur Fischer und Bauarbeiter, Bus- und Taxifahrer; für den Rest der Bevölkerung gelten humanere Arbeitszeiten. In der Regel dauert die erste Arbeitsetappe bis 13 Uhr, wobei von Kaffee- und Frühstückspausen reichlich Gebrauch gemacht wird. Höhere Angestellte eines Unternehmens befinden sich oft stundenlang in einer reunión *(Versammlung)* – eine höfliche Umschreibung für ein angeregtes Privatgespräch.

Auf das umfangreiche, von Wein oder Bier begleitete Mittagessen folgt die obligatorische siesta. Dabei handelt es sich nicht um ein halbstündiges Nickerchen, sondern um eine Ruhepause, die sich bis zum späten Nachmittag (meist 16:30 Uhr) erstreckt. Viele Geschäfte haben dann geschlossen bzw. arbeiten mit wenig Personal, die Straßen sind öde und leer.

Die zweite Arbeitsetappe dauert bis 20 bzw. 21 Uhr. Anschließend macht man Einkäufe oder trifft sich in der Bar, bevor das Abendessen beginnt. Dieses ist üppig und lang, erstreckt sich oft bis 23 Uhr. Ist der folgende Tag arbeitsfrei, wird es noch ein wenig ausgedehnt, denn die eigentliche movida *(Nachtleben)* beginnt nicht vor Mitternacht.

Lebensgenuss

„Das Leben genießen“ (disfrutar de la vida) ist dem Kanarier Sinn und Zweck seines Daseins. Die höchste Kunst besteht darin, mit möglichst wenig Aufwand so viel Geld zu verdienen, dass man das Leben so schön wie möglich gestalten kann. „Wir leben nicht, um zu arbeiten“ (No vivimos para trabajar), hört man von Kanariern, die sich voller Befremden über deutsche oder Schweizer Workaholics äußern, „wir arbeiten, um zu leben“ (trabajamos para vivir).

Lotterie

Die Kanarier teilen die spanische Leidenschaft fürs Spiel. Jede Woche werden hohe Summen verlost, doch die wichtigste Ziehung, die bislang größte der Welt, kennt jeder als el gordo *(der Dicke)*. Sie findet alljährlich um den 22. Dezember statt und ist für viele Kanarier wichtiger als das Weihnachtsfest. Ausgeschüttet werden ca. 3 Millionen Euro, wobei man für jedes Los 175 Euro berappen muss. Meist tun sich Bewohner einer Straße, Arbeitskollegen oder Mitglieder einer weitverzweigten Familie zusammen und kaufen jeweils ein décimo *(Zehntel)*. Die Gewinner bleiben nicht anonym, sondern werden öffentlich gemacht: Man sieht im Fernsehen, wie sie Sektkorken knallen lassen und glückstrunken ihre Träume preisgeben.

Namen & Anrede

Ohnehin geht es bei den Kanariern eher locker zu, man kennt sich fast nur mit dem Vornamen. Selbst Respektpersonen werden mit Vornamen angesprochen, dann freilich mit einem vorangestellten don *(Herr) bzw.* doña *(Dame). Ist z. B. von der vormaligen spanischen Königin die Rede, hört man das vertrauliche* Doña Sofía.

Die Kanarier führen neben dem Vornamen (nombre) gleich zwei Nachnamen (apellidos). Deren zweiter ist freilich nur ein „schweigsamer Partner" und taucht meist nur in Dokumenten auf.

Frauen übernehmen bei der Heirat nicht den Namen des Mannes, sondern behalten ihren eigenen. Die Nachnamen der Kinder setzen sich aus dem jeweils ersten Namen der Eltern zusammen, wobei der des Vaters prinzipiell an erster Stelle steht: Heiratet Felipe Rodríguez Moreno eine Carmen Gómez Díaz, so heißt ihre gemeinsame Tochter María Rodríguez Gómez. Wenn das Mädchen ihrerseits heiratet, z. B. einen Pedro González Cruz, so behält sie ihren Namen, der Sohn aber heißt Tomás González Rodríguez.

Bestimmte Vornamen werden prinzipiell in Spitznamen verwandelt. So wird Francisco zu Paco, José zu Pepe, Manuel zu Manolo, und Enrique zu Quique. Auch Ausländer werden davon nicht ausgenommen. Um sich das Leben leichter zu machen, werden schwer aussprechbare Vornamen hispanisiert, wobei fast immer die gleichen Spitznamen zum Zuge kommen. Egal, ob Sie ursprünglich Wolfgang, Dieter oder Hans heißen, irgendwann werden Sie als Pepe oder Paco „enden".

Ähnlich sieht es bei den Frauen aus. Aus María Isabel wird Maribel, und aus María del Valle (auch so einen Vornamen gibt es!) Marivel. Bedeutungsschwere christliche Vornamen werden verkürzt: Aus Dolores („die Schmerzensreiche“) wird Loli, aus Providencia („Vorsehung“) wird Provi, aus Inmaculada („die Unbefleckte“) wird Inma, aus Remedios („die Hilfreiche“) wird Remi, und aus Soledad („Einsamkeit“) wird Soli.

Interessanterweise heißen Jungen nicht selten José María und Mädchen María José – ein Tribut an die christliche Tradition!

Begrüßen & Verabschieden

Anfangs hat manch ein Besucher Schwierigkeiten mit der ungewohnt herzlichen Begrüßung: Frauen untereinander sowie Männer und Frauen geben sich einen Kuss auf die Wange, wobei die Zahl und Art der Küsse stark variieren. Während man sich in Las Palmas mit einem Küsschen zufrieden gibt, sind es im 20 km entfernten Vecindario prinzipiell zwei. Mal erhält man regelrechte Schmatzer auf die Wange, mal nur gehauchte Küsse. In formalen Zusammenhängen, in der Bank, beim Arzt oder Rechtsanwalt, begnügt man sich – wie in Mitteleuropa – mit dem Händeschütteln.

Wichtig zu wissen: Männer untereinander küssen sich nicht (es sei denn sie sind schwul), bescheiden sich lieber mit einem festen Händedruck und klopfen einander mit der Linken auf die Schulter.

Begrüßen

¡Hola!	Hallo!
¡Buenos días!	Guten Tag!
¡Buenas tardes!	Guten Tag! *(14–20 Uhr)*
¡Buenas noches!	Guten Abend / Gute Nacht!
¡Bienvenido/a!	Willkommen! *(m/w)*

Statt des langen buenos días *bzw.* buenas tardes *hört man oft nur ein kurzes* ¡Buenas!

¿Cómo está Usted?
wie (es-)ist Sie
Wie geht es Ihnen?

¡Hola! ¿Cómo estás?
hallo wie (du-)bist
Hallo! Wie geht's?

¿Qué tal?
was solches
Wie geht's?

Muy bien, gracias, ¿y tú / Usted?
sehr gut danke und du/Sie
Danke, sehr gut, und dir / Ihnen?

Más o menos.
mehr oder weniger
Es geht.

Como siempre.
wie immer
Wie immer.

Sich / Jemanden vorstellen

Wird man fremden Leuten vorgestellt, so wird erwartet, dass man sich am Gespräch beteiligt – wenn schon nicht durch Worte, so doch wenigstens durch aufmerksames Zuhören.

¿Cuál es tu / su nombre?
welcher (er-)ist dein / sein Name
Wie heißt du / heißen Sie?

¿Cómo te llamas?
wie dich (du-)rufst
Wie heißt du?

¿Cómo se llama?
wie sich (er/sie-)ruft
Wie heißen Sie?

Mi nombre es ...
mein Name (er-/sie)ist ...
Ich heiße ...

Me llamo ...
mich (ich-)rufe...
Ich heiße ...

Die nun folgende Floskel klingt weit weniger formal als im Deutschen:

¡Con mucho gusto!
mit viel Vergnügen
Sehr erfreut, dich / Sie kennen zu lernen!

¡Encantado/a!
bezaubert (m/w)
Sehr erfreut, dich / Sie kennen zu lernen!

¡Igualmente!
gleichfalls
Ganz meinerseits!

Verabschieden

¡Adiós!
zu-Gott
Auf Wiedersehen!

¡Hasta la vista!
bis die Sicht
Auf Wiedersehen!

¡Hasta luego / luegito!
bis dann / dannchen
Bis bald!

¡Hasta mañana!
bis morgen
Bis morgen!

Tengo que irme.
(ich-)besitze dass gehen-mich
Ich muss gehen.

Nos vamos.
uns (wir-)gehen
Wir gehen.

Bitten, Danken, Wünschen

Mit den Höflichkeitsfloskeln kann man auch ein Gespräch einleiten.

Bitten

¿Me permite?
mir (er/sie-)erlaubt
Gestatten Sie?

¡Por favor!
durch Gefallen
Bitte!

Con permiso, ¿puedo ... ?
mit Erlaubnis, (ich-)kann ...
Bitte, darf ich ... ?

Bitten, Danken, Wünschen

Mit einem Smartphone können Sie sich die mit einem gekennzeichneten Sätze dieses Kapitels anhören. Scannen Sie einfach den QR-Code mit Hilfe einer kostenlosen App (z. B. „Barcoo" oder „Scanlife").

Danken

¡Muchas gracias!
viele Danke(Mz)
Vielen Dank!

¡De nada! / ¡No hay de qué!
von nichts / nicht gibt von was
Keine Ursache! *(Antwort)*

Wünschen

Quisiera ...
würde-wollen ...
Ich möchte ...

Quiero ...
(ich-)will ...
Ich will ...

Deseo ...
(ich-)wünsche ...
Ich wünsche ...

Tengo ganas de ...
(ich-)besitze Lüste von ...
Ich habe Lust zu ...

Espero que ...
(ich-)hoffe dass ...
Ich hoffe, dass ...

¡Suerte!
Glück
Viel Glück!

¡Que te / le vaya bien!
dass dir / ihm/ihr (es-)gehe gut(Umst.)
Alles Gute (dir / Ihnen)!

¡Que te diviertas! / ¡Que se divierta!
dass dich vergnügest / dass sich (er/sie-)vergnüge
(Dir/Ihnen) viel Vergnügen!

¡Que duermas bien! / ¡Que duerma bien!
dass du-schlafest gut(Umst.) / dass (er/sie-)schlafe gut(Umst.)
Schlaf gut! / Schlafen Sie gut!

¡Ojalá!
Hoffentlich!

¡Buen viaje!
Gute Reise!

Floskeln & Redewendungen

Diese „kleinen Helfer“ geben Ihren Bemühungen, sich auf Spanisch verständlich zu machen, den richtigen Schwung und zeigen, dass Sie sich auskennen. Oftmals lassen sich diese Floskeln auch nicht wörtlich übersetzen.

Sich entschuldigen

¡Perdón!
Entschuldigung!

¡Disculpa! / ¡Disculpe!
(du-)entschuldigest / (er/sie-)entschuldige
Entschuldige! Entschuldigen Sie!

¡Perdóname! / ¡Perdóneme!
(du-)entschuldigest-mich /(er/sie-)entschuldige-mich
Entschuldige(n Sie) mich! *(stärker)*

Lo siento mucho.
es (ich-)fühle viel
Es tut mir sehr Leid.

No fue mi intención.
nicht war meine Absicht
Es war keine Absicht.

¡No te preocupes! / ¡No se preocupe!
nicht dich (du-)sorgst / nicht sich (er/sie-)sorge(!)
Mach dir / Machen Sie sich keine Sorgen!

Zustimmen / Vorschläge annehmen

¡Sí!
Ja!

¡Claro que sí!
Klar doch!

¡Exactamente!
Genau!

¡En efecto!
in Effekt
In der Tat!

¡Naturalmente!
natürlich(Umst.)
Natürlich!

¡Ciertamente!
sicher(Umst.)
Sicher!

¡Es verdad!
(es-)ist Wahrheit
Das ist wahr!

¡De acuerdo!
von Übereinstimmung
Einverstanden!

¡Está bien!
(es-)ist gut(Umst.)
Ist gut!

¡Eso es cierto!
jenes (es-)ist sicher
Das ist wahr!

¡Tienes razón!
(du-)besitzt Vernunft
Du hast Recht!

¡Tiene razón!
(er/sie-)besitzt Vernunft
Sie haben Recht!

¡Es una buena idea!
ist eine gute Idee
Gute Idee!

¡Qué chachi! / ¡Qué güay!
was gut / was toll
Supergut! *(umgangsspr.)*

Ablehnen

No, gracias.
nein danke
Nein danke.

No estoy de acuerdo.
nicht bin von Übereinstimmung
Ich bin nicht einverstanden.

Estás equivocado/a.
(du-)bist geirrt(m/w)
Du *(m/w)* irrst dich.

Está equivocado/a.
(er/sie-)ist geirrt(m/w)
Sie *(m/w)* irren sich.

No me convence.
nicht mich (es-)überzeugt
Es überzeugt mich nicht.

No es así.
nicht (es-)ist so
Das ist nicht so.

¡De ninguna manera!
von keine Art
Auf keinen Fall!

¡Tonterías!
Dummheiten
Quatsch!

¡Mentira!
Lüge!

Sich freuen

Lo paso muy bien.
es (ich-)verbringe sehr gut(Umst.)
Ich amüsiere mich prächtig.

¡Me gusta mucho!
mir (es-)gefällt viel
Es gefällt mir!

¡Me encanta!
mich (es-)bezaubert
Es gefällt mir!

¡Estoy muy contento/a!
(ich-)bin sehr zufrieden(m/w)
Ich bin sehr zufrieden.

¡Qué alegría!
was Freude
Welche Freude!

Ausrufe der Anerkennung und des Wohlbefindens sind ...

¡Maravilloso!	Wunderbar!
¡Sabroso!	Schmackhaft!
¡Bellísimo!	Überaus schön!
¡Guapísimo!	Überaus schön!

¡De puta madre!
von Hure Mutter
Geil! *(umgangssprachlich)*

Jemanden einladen / Etwas vorschlagen

¿Tienes ganas de ir a la playa?
(du-)besitzt Lüste von gehen zu der Strand
Hast du Lust, zum Strand zu gehen?

¿Qué te parece un paseo?
was dir (es-)scheint ein Spaziergang
Hättest du Lust auf einen Spaziergang?

¿Quieres tomar algo?
(du-)willst nehmen etwas
Hast du Lust etwas zu trinken (*auch:* essen)?

Religion & Feste

Auf dem Papier sind die Kanarier römisch-katholisch, was nicht heißt, dass sie tiefreligiös wären. Außer ein paar schwarz gekleideten Mütterchen, die Samstagabend in die Kirche pilgern, kümmert sich kaum jemand um die Worte des Pfarrers, geschweige denn um die des Papstes. Nur bei Heiligsprechungen wird aufgehorcht, bietet sich hier doch die Möglichkeit, den bereits umfangreichen Heiligenkalender um ein weiteres Datum zu bereichern. Denn je mehr Heilige es gibt, desto öfter bietet sich Gelegenheit für ein großes Fest. Jedes noch so kleine Dorf hat einen santo *(Schutzheiligen)* und eine santa *(Schutzheilige)*, denen man huldigen muss.

Oft beschließt ein Feuerwerk die fiesta. Wie die Festlandsspanier lieben die Kanarier das Feuer und zögern nicht, abertausende Euros in spektakulären Himmelsbildern verrauchen zu lassen.

Einige Inselfeste stehen sogar ganz im Zeichen des Feuers: Zu den bekanntesten zählt die Fiesta del Diablo auf La Palma (Tijarafe), wo ein wahrhaftiger Teufel auf das Volk losgelassen wird und auf riesigen Stelzen feuerspuckend über den Dorfplatz tanzt. Auf Gomera (Agulo) springen während der Fiesta de San Marcos junge Männer durch hoch aufschießende Flammen.

In einer feierlichen Prozession (romería) *wird die lebensgroße Statue des Heiligen durch die Straßen getragen bzw. über das Meer gefahren. Ist diese Pflicht abgegolten, startet das weltliche Vergnügen, das eigentliche Fest* (fiesta).

die wichtigsten Feste

Cabalgata de los Reyes Magos Umzug der Hl. Drei Könige *(6. Januar)*
Carnaval Karneval *(Februar / März)*
Semana Santa Ostern
Corpus Christi Fronleichnam
Fiesta de la Virgen Fest der Hl. Jungfrau *(August)*
Fiesta de Nuestra Señora del Carmen Fest der Schutzpatronin der Fischer *(August)*
Fiesta de la Vendimia Weinfest *(September)*
Navidad Weihnachten *(24./25. Dezember)*

Je nach Insel wird die Jungfrau vom Schnee (Nieves), *aus der Kiefer* (Pino) *und vom Fels* (Peña), *Mariä Lichtmess* (Candelaria) *oder die Rosenkranzmadonna* (Rosario) *gefeiert.*

¡Feliz cumpleaños!
glücklich Geburtstage
Herzlichen Glückwunsch zum Geburtstag!

¡Feliz navidad!
glücklich Weihnachten
Frohe Weihnachten!

¡Feliz año nuevo!
glücklich Jahr neu
Frohes neues Jahr!

Das erste Gespräch

Rasch kommt man mit Kanariern in Kontakt, und fast immer laufen die ersten Sätze nach folgendem Muster ab:

Statt castellano *hört man auch* español.

¿Hablas / Habla castellano?
(du-)sprichst/(er-/sie)spricht Kastilisch
Sprichst du / Sprechen Sie Spanisch?

Mit einem Smartphone können Sie sich die mit einem gekennzeichneten Sätze dieses Kapitels anhören.

Sólo un poco.
nur ein wenig
Nur ein bisschen.

¿Es la primera vez que vienes / viene a Canarias?
(es-)ist das erste Mal dass (du-)kommst / (er/sie-)kommt zu Kanaren
Bist du / Sind Sie das erste Mal auf den Kanaren?

Sí, vengo por primera vez.
ja (ich-)komme durch erstes Mal
Ja, ich bin zum ersten Mal hier.

¿Te / Le gusta aquí?
dir / ihm/ihr (es-)gefällt hier
Gefällt es dir / Ihnen hier?

Sí, pero hay mucha construcción en la costa.
ja aber es-gibt viel Bauarbeit in der Küste
Ja, aber an der Küste wird viel gebaut.

¿De dónde vienes / viene?
von wo (du-)kommst / (er/sie-)kommt
Woher kommst du / kommen Sie?

Soy de Alemania / Austria / Suiza.
(ich-)bin aus Deutschland / Österreich / Schweiz
Ich komme aus Deutschland / Österreich / der Schweiz.

Soy alemán / alemana / austríaco/a / suizo/a.
(ich-)bin Deutscher / Deutsche / Österreicher(in) / Schweizer(in)
Ich bin Deutscher / Deutsche / Österreicher(in) / Schweizer(in).

¿Dónde vives / vive?
wo (du-)lebst / (er/sie-)lebt
Wo wohnst du / wohnen Sie?

¿De dónde eres / es?
von wo (du-)bist / (er/sie-)ist
Wo kommst du / kommen Sie her?

¿En qué ciudad vives / vive?
in was Stadt (du-)lebst/(er/sie-)lebt
In welcher Stadt lebst du / leben Sie?

Vivo en ...
(ich-)lebe in ...
Ich wohne in ...

¿Cómo te llamas / se llama?
wie dich (du-)rufst/sich (er/sie-)ruft
Wie heißt du/heißen Sie?

Me llamo Isabel.
mich (ich-)rufe Isabel.
Ich heiße Isabel.

Y yo Peter.
und ich Peter
Und ich Peter.

¿Cuántos años tienes / tiene?
wie-viele Jahre (du-)besitzt / (er/sie-)besitzt
Wie alt bist du / sind Sie?

Tengo veinticuatro años, ¿y tú / Usted?
(ich-)besitze zwanzig-und-vier Jahre und du / Sie
Ich bin 24 Jahre alt, und du / Sie?

Yo tengo treinta años y pico.
ich (ich-)besitze dreißig Jahre und Spitze
Ich bin über dreißig Jahre alt.

¿Trabajas / Trabaja?
(du-)arbeitest / (er/sie-)arbeitet
Arbeitest du / Arbeiten Sie?

Estoy estudiando todavía.
(ich-)bin studierend noch
Ich studiere noch.

¿Qué estudias / estudia?
was (du-)studierst / (er/sie-)studiert
Was studierst du / studieren Sie?

¿Qué profesión tienes tú / tiene Usted?
was Beruf (du-)besitzt du / (er/sie-)besitzt Sie
Welchen Beruf hast du / haben Sie?

Soy ...	Ich bin ...
empleado/a	Angestellter/-e
desempleado/a	arbeitslos
trabajador/a	Arbeiter/in
médico/a	Arzt / Ärztin
agricultor/a	Bauer / Bäuerin
empleado/a de oficina	Büroangestellter/-e
Angestellter(m/w) von Büro	
director/a	Direktor/in
hombre / mujer de negocios	Geschäftsmann / Geschäftsfrau
Mann / Frau von Geschäften	
amo/a de casa *Herr / Herrin von Haus*	Hausmann / Hausfrau
ingeniero/a	Ingenieur/in
periodista *(m+w)*	Journalist/in
enfermero/a	Krankenpfleger / Krankenschwester
artista *(m+w)*	Künstler/in
profesor/a	Lehrer/in
mécanico	Mechaniker
abogado/a	Rechtsanwalt
alumno/a	Schüler/in
estudiante *(m+w)*	Student/in
científico/a	Wissenschaftler/in
empresario/a	Unternehmer/in
vendedor/a	Verkäuferin

In den Dünen von Maspalomas, Gran Canaria

Liebesgeflüster

Am Strand hat man sich das Objekt der Begierde ausgeguckt. Im Schutz der Dunkelheit, meist erst nach Mitternacht, kommt man sich dann näher ...

Kanarier flirten gern, wobei Männer mit Pfiffen und Schnalztönen, aber auch mit Rufen wie ¡Hola, guapa! *(Hallo, Schöne!) bzw.* ¡Hola, rubia! *(Hallo, Blonde!) auf sich aufmerksam machen. Geht frau derlei Anmache auf die Nerven, braucht sie nur Gleichgültigkeit zu signalisieren – sie wird dann in der Regel in Ruhe gelassen.*

¿Quieres ir a una discoteca?
(du-)willst gehen zu eine Disco
Willst du in die Disco gehen?

Encantado/a, me gusta la música.
bezaubert(m/w) mir (sie-)gefällt die Musik
Mit Vergnügen, mir gefällt die Musik.

No, hoy no tengo ganas de bailar.
nein heute nicht (ich-)besitze Lüste von tanzen
Nein, ich habe heute keine Lust zu tanzen.

Tú me gustas.
du mir (du-)gefällst
Du gefällst mir.

Yo te quiero.
ich dich (ich-)will
Ich liebe dich.

¿Pasamos la noche juntos?
(wir-)verbringen die Nacht gemeinsam
Sollen wir die Nacht gemeinsam verbringen?

No, no quiero.
nein nicht (ich-)will
Nein, ich will nicht.

¡Déjame en paz!
lass(!)-mich in Frieden
Lass mich in Ruhe!

AIDS heißt auf Spanisch SIDA.

¿Tienes un condón?
(du-)besitzt ein Kondom
Hast du ein Kondom?

Zu Gast sein

Lange dauert es, bis man in die Privatsphäre eingelassen, d. h. ins Haus zum Essen eingeladen wird. Das heißt aber keineswegs, dass Kanarier nicht gastfreundlich wären. Oft kommt es vor, dass man in der Bar auf ein Getränk, im Restaurant auf ein paar Tapas oder auf einem Picknickplatz mitten im Wald zu einer Fiesta eingeladen wird.

Mit einem Smartphone können Sie sich die mit einem 👂 gekennzeichneten Sätze dieses Kapitels anhören.

👂 **¡Siéntate!**
setz(!)-dich
Setz dich doch!

👂 **¡Siéntese!**
(er/sie-)setze(!)-sich
Setzen Sie sich doch!

👂 **¡Toma / Tome un asiento, por favor!**
nimm(!)/(er/sie-)nehme(!) ein Sitz durch Gefallen
Bitte nimm / nehmen Sie Platz!

¡La comida está servida!
das Essen ist serviert
Das Essen ist serviert.

👂 **¿Tienes hambre / sed?**
besitzt Hunger / Durst
Hast du Hunger / Durst?

¿Qué quieres / quiere tomar?
was (du-)willst / (er/sie-)will nehmen
Was möchtest du / möchten Sie trinken (*auch:* essen)?

👂 **¿Te / Le gusta?**
dir / ihm/ihr (es-)gefällt
Schmeckt es dir / Ihnen?

👂 **¿Quieres / Quiere un poco más?**
(du-)willst / (er/sie-)will ein wenig mehr
Möchtest du / Möchten Sie noch etwas mehr?

No, gracias, tengo suficiente.
nein danke (ich-)besitze genügend
Nein, danke, ich bin wirklich satt.

¡Ya no puedo más!
schon nicht (ich-)kann mehr
Ich bin völlig satt!

Está todo muy rico / sabroso.
(es-)ist alles sehr reich / schmackhaft
Es schmeckt alles sehr gut.

Familie

¿Eres casado/a?
bist verheiratet(m/w)
Bist du verheiratet?

No, soy soltero/a.
nein bin alleinstehend(m/w)
Nein, ich bin ledig.

¿Tienes / Tiene novio/a?
(du-)besitzt / (er/sie-)besitzt Verlobter/-e
Hast du einen festen Freund / eine feste Freundin?

Sí, tengo novio/a.
ja (ich-)besitze Verlobter/-e
Ja, ich habe einen festen Freund / eine feste Freundin.

¿Te / Le puedo presentar mi familia?
dir / ihm/ihr (ich-)kann vorstellen meine Familie
Kann ich dir / Ihnen meine Familie vorstellen?

¿Cómo está la familia?
wie (sie-)ist die Familie
Wie geht es der Familie?

Este / Esta es ...
dieser(m) / diese(w) (er/sie-)ist ...
Dies ist ...

padre *(m)* / **papá** *(m)*	Vater / Papa
madre *(w)* / **mamá**	Mutter / Mama
padres *(m Mz)*	Eltern
compadres *(m Mz)*	Paten
marido / esposo	Ehemann
mujer *(w)* / **esposa**	Ehefrau
abuelo / abuela	Großvater / Großmutter
hijo / hija	Sohn / Tochter
hijos	Kinder
hermanos	Geschwister
hermano / hermana	Bruder / Schwester
nieto / nieta	Enkel / Enkelin
tío / tía	Onkel / Tante
suegro / suegra	Schwiegervater / Schwiegermutter
cuñado / cuñada	Schwager / Schwägerin
sobrino / sobrina	Neffe / Nichte
primo / prima	Cousin / Cousine

Trotz der höchsten Scheidungsrate Spaniens und rückläufiger Geburtenzahlen ist die Familie nach wie vor das Wichtigste im Leben eines Kanariers. Sie wird in alle Planungen einbezogen – und zwar nicht nur die Mama, der Papa und die Kinder, sondern auch die Großeltern, die Tanten, Onkel, Vetter und entfernten Cousinen.

¿Tienes / Tiene hermanos / hijos?
(du-)besitzt / (er/sie-)besitzt Geschwister / Kinder
Hast du / Haben Sie Geschwister / Kinder?

No, no tengo ninguno.
nein nicht (ich-)besitze keiner
Nein, ich habe keine.

Tengo dos hermanos y dos hermanas.
(ich-)besitze zwei Brüder und zwei Schwestern
Ich habe zwei Brüder und zwei Schwestern.

Unterwegs

Fragt man Kanarier nach dem Weg, erhält man oft vage, manchmal sogar falsche Angaben. Mehrmaliges Nachfragen lohnt sich!

in der Stadt

¿Cómo llego a la Plaza de España?
wie (ich-)komme zu der Platz von Spanien
Wie komme ich zur Plaza de España?

Disculpe, ¿dónde está la calle ... ?
(er/sie-)entschuldige(!) wo (sie-)ist die Straße ...
Entschuldigen Sie, wo ist die Straße ... ?

Muéstremelo en el mapa, por favor.
(er/sie-)zeige(!)-mir-es in der Stadtplan durch Gefallen
Zeigen Sie es mir bitte auf dem Stadtplan.

Cruce a la izquierda / a la derecha.
(er/sie-)biege zu die linke / zu die rechte
Biegen Sie nach links / rechts ab.

mit öffentlichen Verkehrsmitteln

Mittlerweile sind die öffentlichen Verkehrsmittel fast so pünktlich wie in Deutschland. Auf den Inseln fährt man mit Bus, zur Nachbarinsel reist man per Schiff. Das Fliegen ist inzwischen recht teuer: Der Flug von Gran Canaria nach La Palma z. B. kostet oft mehr als der nach Madrid.

aeropuerto	Flughafen
avión *(m)*	Flugzeug
puerto marítimo	Hafen
barco	Schiff
ferry *(m)*	Fähre
jetfoil *(m)*	Luftkissenboot
estación de guaguas	Busbahnhof
parada de guaguas *Haltestelle von Bussen*	Bushaltestelle
guagua	Bus
horario de salida *Stundenplan von Abfahrt*	Abfahrtsplan
billete (m)	Fahrkarte
precio del billete *Preis von der Karte*	Fahrpreis
ida y vuelta *Gang und Rückgang*	hin und zurück

Achtung beim Zebrastreifen! Wer selbstbewusst die Straße quert, ohne nach links und rechts zu blicken, ist reif fürs Krankenhaus. Zebrastreifen sind nicht dafür da, dass Fußgänger bedenkenlos die Straße queren, vielmehr zeigen sie Autofahrern an, wo sie jenen – nach Lust und Laune – erlauben könnten, die Straße zu queren.

¿Dónde está la parada de la guagua que va a … ?
wo ist die Haltestelle von der Bus welcher geht nach
Wo ist die Haltestelle für den Bus nach … ?

¿Cuándo viene el próximo barco?
wann (es-)kommt das nächste Schiff
Wann kommt das nächste Schiff?

¡No hay sitio!
nicht es-gibt Platz
Alles besetzt!

Wenn man im Bus sitzt und bei der nächsten Haltestelle aussteigen möchte, ruft man:

¡Chófer, quisiera salir en la próxima parada!
Chauffeur (ich-)möchte aussteigen in die nächste Haltestelle
Ich möchte an der nächsten Haltestelle aussteigen!

mit dem Taxi

Taxis werden mit einem Winkzeichen angehalten. Alle mit ocupado *(besetzt) gekennzeichneten Wagen rauschen vorbei, nur ein Taxi, das* libre *(frei) ist, hält an. Bei längeren Strecken empfiehlt es sich, einen Festpreis auszumachen.*

¿Cuánto cuesta el trayecto hasta ... ?
wie-viel (es-)kostet die Strecke bis ...
Wie viel kostet die Strecke bis ... ?

¿Sería posible fijar un precio global?
(es-)wäre möglich festlegen ein Preis global
Wäre es möglich, einen Pauschalpreis zu vereinbaren?

¡Pare aquí, por favor!
(er-)halte(!) hier durch Gefallen
Halten Sie bitte hier!

Salgo aquí.
(ich-)aussteige hier
Ich steige hier aus.

mit dem Leihwagen

Mietautos erhält man überall dort, wo es Touristen und Geschäftsleute gibt, an Flughäfen und Häfen, in der Inselhauptstadt und in den Ferienzentren. Natürlich kann man einen Wagen schon im Voraus im Reisebüro buchen, was den Vorteil hat, dass die Selbstbeteiligung für Vollkasko- und Diebstahlversicherung im Preis meist inbegriffen ist.

Die Verkehrsschilder unterscheiden sich nicht wesentlich von jenen im Heimatland.

Wichtig sind folgende Hinweise:

aparcamiento	Parkplatz
prohibido aparcar	Parken verboten
cambio de pista	Fahrbahn wechseln
carretera en obras	Bauarbeiten
conducir por la derecha	rechts fahren
desviación	Umleitung
dirección única	Einbahnstraße
reduzca velocidad	Geschwindigkeit reduzieren
salida (de autopista)	(Autobahn-)Ausfahrt

Wer auf den Kanaren einen Wagen mieten will, muss mindestens 21 Jahre alt sein und den Führerschein bereits ein Jahr besitzen. Beim Mieten sind Personalausweis und Führerschein vorzulegen.

¿Cuánto cuesta un coche para un día / tres días / una semana?
wie-viel kostet ein Auto für ein Tag / drei Tage / eine Woche
Wie viel kostet ein Auto für einen Tag / drei Tage / eine Woche?

¿El seguro a todo riesgo está incluido?
die Versicherung zu ganzes Risiko ist eingeschlossen
Ist Vollkasko im Preis inbegriffen?

¿Hay una rueda de repuesto?
es-gibt ein Rad von Ersatz
Gibt es einen Ersatzreifen?

¿Cuántos kilómetros son de aquí hasta ... ?
wie-viele Kilometer(Mz) (sie-)sind von hier bis ...
Wie viele Kilometer sind es von hier bis ... ?

Längenmaße	
un centímetro	1 cm
un metro	1 m
un kilómetro	1 km

¿Dónde podemos poner gasolina?
wo (wir)können legen Benzin
Wo können wir tanken?

Tanken

Abweichende Verkehrsregeln: *Parkverbot gilt entlang gelber und blauer Streifen am Bordstein. Die* ***Höchstgeschwindigkeit*** *innerhalb geschlossener Ortschaften beträgt 50 km/h, auf Landstraßen 90 km/h, und auf Straßen mit mehr als einer Fahrspur in jeder Richtung 100 km/h.*

Der Preis für Benzin (gasolina) ist auf den Kanaren erheblich niedriger als in Deutschland oder auf dem spanischen Festland. Tankstellen gibt es in allen größeren Orten; meist sind sie von 8 bis 20 Uhr geöffnet, an Sonn- und Feiertagen aber bis auf wenige Ausnahmen geschlossen.

La gasolinera está sólo a dos kilómetros.
die Tankstelle (sie-)ist nur nach zwei Kilometer
Die Tankstelle ist nur zwei Kilometer entfernt.

¿Quiere normal / super / sin plomo?
(er/sie-)will normal / super / ohne Blei
Wollen Sie normal / super / bleifrei tanken?

¿Lo pongo lleno?
es (ich-)lege voll
Voll tanken?

¡Lleno, por favor!
voll durch Gefallen
Voll, bitte!

Unfall / Panne

Tuve un accidente.
(ich-)besaß ein Unfall
Ich hatte einen Unfall.

Tuve una avería.
(ich-)hatte eine Panne
Ich hatte eine Panne.

¡Llame una ambulancia!
(er/sie-)rufe(!) ein Krankenwagen
Rufen Sie einen Krankenwagen!

¡Avise en seguida a la policía!
(er/sie-)benachrichtige(!) sofort zu die Polizei
Benachrichtigen Sie sofort die Polizei!

El coche no anda / arranca.
der Wagen nicht geht/anspringt
Der Wagen läuft nicht / springt nicht an.

Necesito un neumático nuevo.
(ich-)brauche ein Reifen neu
Ich brauche einen neuen Reifen.

remolcar	abschleppen
grúa	Abschleppwagen
arranque *(m)*	Anlasser
tubo de escape	Auspuff
taller *(m)* **mecánico**	Autowerkstatt
batería	Batterie
freno	Bremse
repuesto / recambio	Ersatzteil
martillo	Hammer
agua de radiador	Kühlwasser
cambio de marcha	Kupplung
volante *(m)*	Lenkrad
neumáticos *(Mz)*	Reifen
presión de neumáticos	Reifendruck
limpiaparabrisas *(m)*	Scheibenwischer
tornillo	Schraube
destornillador	Schraubenzieher
amortiguador	Stoßdämpfer
válvula	Ventil
gato *(Katze)*	Wagenheber
herramienta	Werkzeug
parabrisas *(m Ez)*	Windschutzscheibe
alicate *(m)*	Zange
bujía	Zündkerze
encendido	Zündung

Auf dem Lande

Auf den Kanaren gibt es schroffe Steilküsten, weitläufige Dünen und versteckte Sandbuchten, im Landesinneren einsame Canyons, terrassierte Schluchten und weite Lavatäler. Aufgrund ihrer ungewöhnlichen Vulkanlandschaft wurden Lanzarote, La Palma und El Hierro zu UNESCO-Biosphärenreservaten erklärt. Auf allen übrigen Inseln gibt es Nationalparks und Naturschutzgebiete.

Wer bei den Kanaren nur an Bettenburgen und Hotel-Pools denkt, sollte umlernen: Abseits der Ferienzentren gibt es aufregende Naturlandschaften zu entdecken, wobei jede der sieben Inseln völlig anders ist. Lanzarote und Fuerteventura, die Afrika am nächsten liegen, sind wüstenhaft trocken und vergleichsweise flach. Die weiter westlich gelegenen Inseln dagegen sind gebirgig und an ihrer Nordseite feucht und üppig grün. Gran Canaria erreicht im zentralen, wild zerklüfteten Gebirgsmassiv eine Höhe von knapp 2000 m, La Palma mit einem aufgerissenen Riesenkrater sogar über 2400 m. Wie ein Gigant ragt auf Teneriffa der Teide empor – mit 3718 m ist er der höchste Berg Spaniens.

Tiere

Kein Tier der Inseln hat es zu so viel Berühmtheit gebracht wie der Kanarienvogel. Die Altkanarier hielten ihn gefangen, um sich an seinem Gesang zu erfreuen. Die Konquistadoren brachten ihn im 15. Jahrhundert nach Europa, von wo er seinen Siegeszug rund um die Welt antrat. Im 17. Jahrhundert befanden geschäftstüchtige Vogelzüchter, ein exotisch gelbes Gefieder stünde ihm besser an. Auch sei er schöner, wenn sein Körper kleiner, der Schwanz dafür länger sei. So entstand der

heute vermarktete Kanarienvogel als manipulierte Zuchtgestalt, wohingegen der „blasse“ Urahne, mit Wissenschaftsnamen „Serinus canaria“ genannt, in den Wäldern des Archipels seine Freiheit genießt.

águila / guirre *(m)*	Adler
delfín	Delphin
lagarto común	Eidechse
perenquén	Gecko *(kleiner als Eidechse)*
pardela	Gelbschnabel-sturmtaucher
canario	Kanarienvogel
cuervo	Kolkrabe
graja	Krähe
paloma rabiche	Lorbeertaube
tortuga	Meeresschildkröte
gaviota	Möwe
loro	Papagei
garza	Reiher
reptiles *(m Mz)*	Reptilien
lagarto gigante	Rieseneidechse
pájaro	Vogel
aves *(w Mz)*	Vögel *(Tierklasse)*
ballena	Wal

Zur grandiosen Landschaft gesellt sich eine einzigartige Flora. Aufgrund der isolierten Lage der Inseln konnten sich über 500 endemische Pflanzen entwickeln, d. h. Arten, die es nur hier und sonst nirgendwo auf der Welt. Die Fauna ist dagegen weniger spektakulär. Zu den ungewöhnlichsten Arten zählen Rieseneidechsen, Geckos und Skinks (Glatt- oder Wühlechse).

Pflanzen

aulaga	Dornlattich
brezo	Baumheide
cardón	Wolfsmilchgewächs
drago	Drachenbaum

faya	Gagelbaum
laurel	Lorbeerbaum
palmera canaria	Kanarische Palme
pino canario	Kanarische Kiefer
sabina	Wacholderbaum
tabaiba	Tabaiba *(Sukkulentengewächs)*

Landschaftsbezeichnungen

Die Landschaftsbezeichnungen sind besonders für Wanderer hilfreich.

andén	Steilwand
barranco	Schlucht
barranquillo	kleine Seitenschlucht
caldera	Vulkankrater, Talkessel
calle – carretera	Straße (innerorts – Land-)
camino real	Königspfad
cañada	weite Schlucht
caserío	Weiler
casa forestal	Forsthaus
coto de caza	Jagdrevier
cruce *(m)*	Kreuzung
cruz *(w)*	Kreuz
cueva	Höhle
cumbre *(w)*	Gebirgsmassiv
degollada	Einsattelung, Pass
embalse / presa	Stausee
fayal brezal *(m)*	Gagelbaum-Heide-Zone
hoya	Ebene, Senke
laurisilva	Lorbeerwald
llano	Ebene
lomo	Bergrücken
mesa	Hochebene
mirador	Aussichtspunkt

Der fayal brezal *ist der Randbereich des Lorbeerwalds.*

montaña	Berg
morro	Bergkuppe
pico	Gipfel
pinar	Kiefernwald
pista forestal	Forstweg
risco	Felsen
roque *(m)*	Fels
sendero	Pfad
valle *(m)*	Tal
zona recreativa	Erholungsgebiet, Picknickplatz

Wetter

bruma	Passatwolke
calima / polvo en suspensión	warmer Saharawind
chubasco	Schauer
lluvia	Regen
llovizna	Nieselregen
niebla	Nebel
nieve	Schnee
nuboso	bewölkt
cubierto	bedeckt
relámpago	Blitz
sol	Sonne
tormenta	Sturm
viento	Wind
viento alisio	„elysischer", d. h. feuchter Passatwind
viento flojo	leichter Wind
viento moderado	mäßiger Wind
fuerte viento	starker Wind

Der warme Saharawind trägt graue Sandkörnchen mit sich. Zuweilen bilden diese eine regelrechte Käseglocke, die das Atmen erschwert.

Meer & Strand

Mit einem Smartphone können Sie sich die mit einem 👂 gekennzeichneten Sätze dieses Kapitels anhören.

Baden ist auf den Kanaren das ganze Jahr über möglich. Die Wassertemperatur liegt auch im Winter bei 18 bis 20 °C. Kilometerlange Sandstrände und Dünen findet man auf den Ostinseln. Die grancanarische Hauptstadt Las Palmas bietet eine „kanarische Copacabana", einen vier Kilometer langen Stadtstrand samt autofreier Promenade. Auf den Westinseln sind die Strände bescheidener: Die Buchten sind meist dunkel und klein, der Sand ist zuweilen künstlich aufgeschüttet.

Einheimische nutzen die Strände nur in den Oster- und Sommerferien, ansonsten „gehören" die playas *(Strände) den Touristen. Übrigens: Für Fischer ist das Meer prinzipiell weiblich:* la mar.

mar *(m)*	Meer
mareas *(Mz)*	Gezeiten
marea alta	Flut
marea baja	Ebbe
marea del Pino	Springflut *(September)*
mar de fondo	durch entfernte Unwetter „von unten" aufgewühltes Meer
mar de viento	durch Wind aufgepeitschtes Meer
mar muerto	„totes", d. h. stilles Meer mit gefährlichen Unterströmungen
marejadilla	gekräuseltes Meer
marejada	bewegtes Meer
fuerte marejada	aufgewühltes Meer
mar gruesa	„dick" aufgewühltes Meer mit haushohen Wellen

corriente *(w)*	Unterströmung
ola	Welle
aguaviva / galera portuguesa	Qualle
Wasser-lebendig / Galeere portugiesische	
costa	Küste
playa	Strand, Bucht
arena	Sand
duna	Düne

Unterströmungen sind immer gefährlich

¿Dónde está la playa?
wo (er-)ist der Strand
Wo ist der Strand?

nadar	schwimmen
tomar un baño	ein Bad nehmen
tomar sol	sonnenbaden
traje *(m)* **de baño**	Badehose, Badeanzug
crema / loción solar	Sonnenschutzmittel
quemadura del sol	Sonnenbrand
sol – sombra	Sonne – Schatten
sombrilla	Sonnenschirm
balneario	Umkleidekabine, Toilette *(am Strand)* / Badeort
bandera roja / amarilla / verde	rote / gelbe / grüne Fahne
Cruz Roja	Rotes Kreuz

Was Badekleidung angeht, muss man sich keinen Zwang auferlegen: Vielerorts hat sich „oben ohne" durchgesetzt, Nacktbaden wird an der Costa Canaria (Gran Canaria), an den Playas de Corralejo und Jandía (Fuerteventura) sowie an der Playa del Inglés (Gomera) geduldet. Auf Lanzarote gibt es mit Charco del Palo sogar ein FKK-Dorf.

Perdón, ¿hay un balneario por aquí?
Entschuldigung gibt eine Umkleidekabine durch hier
Entschuldigung, gibt es hier Umkleidekabinen?

¿Hay corrientes peligrosas aquí?
es-gibt Strömungen gefährliche hier
Gibt es hier gefährliche Strömungen?

¿Puede cuidarme mis cosas?
(er/sie-)kann aufpassen-mich meine Sachen
Können Sie auf meine Sachen aufpassen?

An viel besuchten Stränden werden Flaggen gehisst, die man beachten sollte. Bei Grün darf man ins Meer gehen, bei Gelb wird zur Vorsicht gemahnt, und bei Rot heißt es: Baden verboten!

Wassersport

surfear	surfen
windsurfing	Windsurfen
tabla de surfear	Surfbrett
vela	Segel
vela latina	kanarisches Segeln
submarinismo	Unterwassersport
bucear	tauchen
tubo respiratorio	Schnorchel
aletas *(Mz)*	Flossen
respirador	Atemgerät
botella de oxígeno	Sauerstoffflasche
bote *(m)*	Boot
yate *(m)*	Yacht
velero	Segelschiff
chaleco de salvavidas	Schwimmweste

¿Dónde se puede alquilar una tabla de surfear?
wo sich (es-)kann mieten ein Brett von surfen
Wo kann man ein Surfbrett mieten?

Hoy las olas son muy grandes.
heute die Wellen (sie-)sind sehr große
Heute gibt es große Wellen.

Unterkunft

Die Klassifikation der Hotels folgt der international üblichen Auszeichnung vom 5-Sterne-Luxus- bis zum funktionalen 1-Stern-Hotel; Appartementanlagen werden anhand von Schlüsseln unterschieden (maximal drei). Mit Unterstützung der EU wurden in Berg- und Küstendörfern traditionelle Landhäuser in komfortable Unterkünfte verwandelt. Daneben gibt es preiswerte Pensionen.

hotel (rural)	(Land-)Hotel
club todo incluído	All-Inclusive-Club
parador	staatliches Nobelhotel
hostal / pensión	Pension
apartamento	Appartement
casa rural / finca	Landhaus
albergue *(m)*	Herberge
albergue *(m)* **juvenil**	Jugendherberge
cámping *(m)*	Camping
área de acampada	Campingfläche *(ohne sanitäre Einrichtungen)*
tienda de campaña	Zelt
baño	Bad
caja fuerte	Safe
cama	Bett
cama matrimonial	Doppelbett
llave *(w)*	Schlüssel
ducha	Dusche
sábana	Bettlaken
toalla	Handtuch

Rar sind Campingplätze und (Jugend-) Herbergen. Wildes Campen ist verboten und wird immer seltener toleriert.

¿Tiene Usted una habitación libre?
(er/sie-)besitzt Sie ein Zimmer frei
Haben Sie ein Zimmer frei?

... habitación individual / doble ...
... Zimmer einzeln / doppelt ...
... Einzelzimmer / Doppelzimmer ...

He reservado aquí una habitación.
(ich-)habe reserviert hier ein Zimmer
Ich habe bei Ihnen ein Zimmer reserviert.

¿Puedo ver la habitación / el apartamento?
(ich-)kann sehen das Zimmer / das Appartement
Kann ich das Zimmer / Appartement sehen?

Está bien, la tomo.
ist gut es (ich-)nehme
Gut, ich nehme es.

Hay mucho ruido.
es-gibt viel Lärm
Es ist sehr laut.

¿Hay otra habitación más tranquila?
es-gibt anderes Zimmer mehr ruhig
Gibt es ein anderes, ruhigeres Zimmer?

¿Hay una habitación con vista al mar / a las montañas?
gibt ein Zimmer mit Sicht zu-das Meer / zu die Berge
Gibt es ein Zimmer mit Blick auf das Meer / auf die Berge?

¿Cuánto tiempo quiere quedarse?
wie-viel Zeit (er/sie-)will bleiben-sich
Wie lange wollen Sie bleiben?

Sólo una noche.
Nur eine Nacht.

Quizás más.
Vielleicht länger.

Essen & Trinken

Keine Haute Cuisine, eher deftig-herzhafte Hausmannskost – das ist die klassische kanarische Küche. Da dreht sich viel um Ziegenfleisch, Kartoffeln und Gemüse, natürlich auch um Fisch und Meeresfrüchte.

kanarische Gerichte & Spezialitäten

cabrito en adobo
pikant eingelegtes Ziegenfleisch

cazuela de pescado
Fischpfanne mit Tomatensoße

conejo en salmorejo
mariniertes Kaninchen

gofio
nährstoffreiches Mehl aus geröstetem Weizen und Gerste, kulinarisches Überbleibsel der Altkanarier; wird in Suppe und Milch gerührt oder auch mit zerdrückten Bananen, Honig und Käse vermischt.

papas arrugadas
„runzlige“ Pellkartöffelchen mit Salzkruste, die in eine grüne oder rote Soße getunkt werden. Mojo verde, die „grüne“ Variante, besteht aus Knoblauch, frischem Koriander und Kreuzkümmel, die zerstampft und mit Olivenöl sowie etwas Essig angereichert werden. Pikanter ist mojo rojo oder mojo picón, die „rote“ Variante: Statt Koriander rührt man in die „Teufelstunke“ Chili ein!

Fast noch wichtiger als das Essen ist den Kanariern das gesellige, oft von Musik begleitete Zusammensein, genannt parranda *oder* tenderete.

Meist kommt der Fisch a la plancha *auf den Tisch, auf heißer Metallplatte gebraten und sparsam gewürzt. Zuweilen gibt es Fisch* cocido *(gekocht) oder* a la espalda *(auf dem Rücken), d. h. in der Hälfte geteilt und dann gebraten. Bei* pescado a la sal *wird der Fisch wird mit einer dicken Salzschicht, die vor dem Essen entfernt wird, gebacken.* Pescado jareado: *Der ausgenommene und gewaschene Fisch wird auf eine Wäscheleine gehängt und ist nach drei Tagen in der salzigen Meeresluft reif für den Verzehr.*

potaje
Eintopf aus Gemüse, darunter Kürbis und Süßkartoffel, Linsen, Zucchini und Mais

potaje de berros
Eintopf aus Waldkresse (im Holznapf)

puchero
Eintopf mit sieben Gemüsesorten und ebenso vielen Fleischvarianten

ropa vieja *(alte Wäsche)*
Resteessen mit Kichererbsen, Fleisch und Paprikaschoten

sancocho
gekochter Dörrfisch mit Kartoffeln / Gemüse

kleines Fischbrevier

pez *(m) (Mz:* **peces***)*	Fisch *(als Lebewesen)*
pescado	Fisch *(als Speise)*
atún / bonito	Thunfisch
caballa	Makrele
cherne *(m)*	Wrackbarsch
corvina	Schattenfisch
dorada	Seebrasse
pez *(m)* **espada**	Schwertfisch
gallo	Rotzunge
lenguado	Seezunge *(importiert)*
merluza	Seehecht
mero	Zackenbarsch
sama	Zahnbrasse
tiburón	Haifisch
vieja *(Alte)*	Papageienfisch

Meeresfrüchte

calamar	Kalamar, Tintenfisch
chipirón	junger, winziger Tintenfisch
choco	Tintenfischart mit festerem Fleisch
pulpo	fleischige Krake
almeja	Venusmuschel
cangrejo	Krebs
gamba	Garnele
langostino	Königskrabben
langosta	Languste
lapa	Napfschnecke
mejillón	Miesmuschel
percebe *(m)*	Entenmuschel

Eine spanische Erfindung sind tapas: *Bestellte man früher ein Glas Wein, so wurde es, um Fliegen fernzuhalten, mit einem Tellerchen abgedeckt (*tapar *„bedecken"). Damit der Teller nicht so leer aussah, wurden darauf Oliven, Sardellen oder Tortilla-Stückchen gelegt – eine nette Geste gegenüber dem Gast. Auf den Kanaren muss man heute für jedes „Tellerchen" zahlen.*

Süßes & Pikantes

almendrados	Mandelmakronen
bienmesabe *(m)*	Mandelmousse
guarapo	Palmsaft, aus dem miel de palma *(Palmhonig)* hergestellt wird
leche *(w)* **asada**	gebackene Milch
quesadilla	herreñischer Käsekuchen
queso de almendras *Käse von Mandeln*	Mandelkuchen
truchas con batata *Forellen mit Süßkartoffel*	Gebäck mit Süßkartoffelmousse

Eine Köstlichkeit, die man sich nicht entgehen lassen sollte, ist der einheimische, aus Schafs- und Ziegenmilch gewonnene Käse.

queso de cabra / oveja / vaca	Ziegen- / Schafs- / Kuhmilchkäse
queso tierno	Frischkäse
queso semiduro	halbreifer Käste
queso duro	reifer Käse
queso ahumado	geräucherter Käse
queso a la brasa	gegrillter Ziegenkäse
queso del país	Inselkäse
almogrote *(m)*	pikanter Käseaufstrich

Getränke

¿Qué quieres / quiere tomar?
was (du-)willst / (er/sie-)will nehmen
Was möchtest du / möchten Sie trinken?

Quiero tomar ...
(ich-)will nehmen ...
Ich möchte ... trinken.

Zum Essen wird einheimisches Mineralwasser getrunken. Beliebt ist auch Bier, am besten der Marke Tropical *(aus Gran Canaria) und* Dorada *(aus Teneriffa).*

agua mineral	Mineralwasser
sin / con gas	ohne / mit Kohlensäure
bien fría	gut gekühlt
natural *(natürlich)*	ungekühlt
una cerveza	ein Bier
caña	vom Fass
en botella	aus der Flasche
jarra	im Krug
sin alcohol	alkoholfrei
una copa de vino / cava	ein Glas Wein / Sekt
un cóctel	ein Cocktail
algo fuerte	etwas Hochprozentiges

café *(m)* **solo**	Espresso
(café) cortado	Espresso mit etwas Milch
leche *(w)* **condensada**	Kondensmilch
leche *(w)* **natural**	H-Milch
café con leche	Kaffee mit viel Milch
carajillo	kleiner schwarzer Kaffee mit Weinbrand
barraquito	cortado mit Zimt und süßem Likör
ron	Rum

Außer auf Fuerteventura wird auf allen Inseln Wein angebaut. Beim Kauf sollte man auf das staatliche Gütesiegel denominación de origen *achten, nur dann kann man sicher sein, keinen gepanschten Wein zu erhalten.*

im Restaurant

Auf den Kanaren gibt es restaurantes und bares, cafeterías, in denen man mehr als nur Kaffee und Kuchen bekommt, hamburgueserías mit Fast food, und chiringuitos, die obligatorischen Strandbars. Groß im Kommen sind bodegas, tascas und guachinches, in denen zu Wein kleine Happen serviert werden.

desayuno	Frühstück
almuerzo	Mittagessen
cena	Abendessen
merienda	Zwischenmahlzeit
camarero/a	Kellner/in

¿Tiene una mesa libre para cuatro personas?
(er/sie-)besitzt ein Tisch frei für vier Personen
Haben Sie einen Tisch für vier Personen?

La carta, por favor.
Die Speisekarte, bitte.

Vor allem in den Dörfern ist die Bar weitaus mehr als nur ein Ort zum Trinken und Essen. Sie ersetzt den Tante-Emma-Laden und die Apotheke, die Post und die Nachrichtenbörse. Hier trifft man sich, um Neuigkeiten zu diskutieren, Karten zu spielen und ein paar Töne auf der timple, *einer Art Mini-Gitarre, anzustimmen.*

¿Qué nos recomienda?
was uns (er/sie-)empfiehlt
Was können Sie uns empfehlen?

¿Qué desean pedir?
was (sie-)wünschen bestellen
Was möchten Sie *(Mz)* bestellen?

Como primer plato quisiera ... , luego ...
wie erster Teller (ich-)möchte ... dann ...
Zuerst möchte ich ... , dann ...

Speisekarte

primer plato, *erster Teller*	Vorspeise
entremeses *(m Mz)*	
ensaladas	Salate
sopas	Suppen
carnes *(w Mz)*	Fleisch
pescado	Fisch
mariscos	Meeresfrüchte
postres *(m Mz)*	Nachspeisen
menú del día *Menü von-der Tag*	preiswertes dreigängiges Menü inklusive Getränk

¡Buen provecho!
gutes Wohl
Guten Appetit!

¡Salud!
Gesundheit
Prost!

¡Igualmente!
Gleichfalls!

plato	Teller	**cuchillo**	Messer
vaso	Glas	**tenedor**	Gabel
copa	Stielglas	**cuchara**	Löffel

sal *(w)*	Salz	**pan**	Brot
pimienta	Pfeffer	**panecillo**	Brötchen
aceite *(m)*	Öl	**mantequilla**	Butter
vinagre *(m)*	Essig		

Bezahlen

Geht eine Gruppe von Kanariern essen, so wird am Ende eine einzige Rechnung verlangt. Jeder legt die Summe auf den Tisch, die er für seinen Anteil für angemessen hält; ergibt sich ein Fehlbetrag, springt meist jemand ein, für den es eine „Ehre“ ist, diesen auszugleichen.

Mittlerweile ist es aber in der gastronomischen Praxis kein Problem mehr, getrennte Rechnungen zu verlangen.

La cuenta, por favor. **Todo junto, por favor.**
Die Rechnung, bitte. Alles zusammen, bitte.

Pagamos por separado.
(wir-)zahlen durch getrennt
Wir zahlen getrennt.

Reklamieren

Eso no lo he pedido.
jenes nicht es (ich-)habe bestellt
Das habe ich nicht bestellt.

En la cuenta hay un error.
in die Rechnung es-gibt ein Fehler
Auf der Rechnung ist ein Fehler.

¡El libro de reclamaciones, por favor!
das Buch von Beschwerden durch Gefallen
Das Beschwerdebuch, bitte!

Alle touristischen Einrichtungen auf den Kanaren sind gesetzlich verpflichtet, ein Beschwerdebuch zu führen, das dem unzufriedenen Gast auf Verlangen auszuhändigen ist und auch in deutscher Sprache ausgefüllt werden kann.

Einkaufen

Mit einem Smartphone können Sie sich die mit einem 👂 gekennzeichneten Sätze dieses Kapitels anhören.

Auf den Kanaren herrscht kein Mangel: Supermärkte und Läden sind bestens gefüllt. Auf jeder Insel gibt es auch Märkte, auf denen man frisches Obst und Gemüse erhält.

ir de compras *gehen von Einkäufe*	einkaufen gehen
grandes almacenes *(m Mz)*	Kaufhaus
supermercado	Supermarkt
autoservicio	Selbstbedienung
tienda de víveres	Lebensmittelladen
mercado	Markt
pescadería	Fischgeschäft
panadería	Bäcker
pastelería	Konditorei
charcutería / carnicería	Fleischer
rastro	Flohmarkt
librería	Buchladen
estanco	Tabak- und Zeitschriftenladen
lavandería	Wäscherei
ferretería	Eisenwarenladen

Im Tabak- und Zeitschriftenladen bekommt man meistens auch Briefmarken. Im Eisenwarenladen gibt es Bau- und Handwerkerbedarf.

👂 **¿Cuánto cuesta ... ?**
wie-viel (es-)kostet ...
Wie viel kostet ... ?

¿Cuánto cuestan ... ?
wie-viel (sie-)kosten ...
Wie viel kosten ... ?

👂 **Cuesta ...**
(es-)kostet ...
Es kostet ...

👂 **Lo tomo.**
es (ich-)nehme
Ich nehme es.

Quisiera dos panecillos.
(ich-)möchte zwei Brötchen
Ich möchte zwei Brötchen.

¿Desea algo más?
(er/sie-)wünscht etwas mehr
Was darf es sonst noch sein?

¡Deme doscientos gramos de jamón, por favor!
(er/sie-)gebe(!)-mir zweihundert Gramm(Mz) von Schinken durch Gefallen
Geben Sie mir noch 200 g Schinken bitte!

Eso es todo, gracias. **Son ...**
jenes ist alles danke *(sie-)sind ...*
Das ist alles, danke. Das macht zusammen ...

Maße & mehr	
un litro	*1 l*
un gramo	*1 g*
un kilo	*1 kg*
medio kilo	*0,5 kg*
un cuarto kilo	*0,25 kg*
un vaso	*ein Glas*
una botella	*eine Flasche*
una ración	*eine Portion*
media ración	*eine halbe Portion*
una docena	*ein Dutzend*

Lebensmittel

pan	Brot
panecillo	Brötchen
pan integral	Vollkornbrot
mantequilla	Butter
muesli *(m)*	Müsli
leche *(w)*	Milch
yogur *(m)*	Joghurt
requesón *(m)*	Quark
queso	Käse
queso del país	einheim. Inselkäse
queso de cabra / oveja *Käse von Ziege / Schaf*	Ziegen- / Schafskäse
miel *(w)*	Honig
mermelada	Marmelade

huevos	Eier
de gallinas de corral	von freilaufenden Hühnern
embutido	Wurst
jamón	gekochter Schinken
jamón serrano	luftgetrockneter Schinken
carne *(w)*	Fleisch
pescado	Fisch
mariscos	Meeresfrüchte
arroz *(m)*	Reis
pasta	Nudeln
verdura	Gemüse
fruta	Obst

Kleidung

vestido	Kleid
falda	Rock
blusa	Bluse
camisa	Hemd
camiseta	T-Shirt
pantalones *(m Mz)*	Hosen
jersey *(m)*	Pullover
ropa interior	Unterwäsche
braga	Slip
calzoncillo	Unterhose *(Männer)*
zapatos	Schuhe
sandalias	Sandalen

Hygieneartikel

jabón	Seife
pasta de dientes *Paste von Zähnen*	Zahnpasta
cepillo de dientes *Bürste von Zähnen*	Zahnbürste
cepillo de pelo *Bürste von Haar*	Haarbürste
peine *(m)*	Kamm
champú *(m)*	Shampoo
crema / loción solar *Creme / Lotion solar*	Sonnenschutzcreme / Sonnenmilch
con alto factor de protección *mit hoher Faktor von Schutz*	mit hohem Lichtschutzfaktor
tijeras de uñas *Scheren von Nägeln*	Nagelschere
máquina de afeitar *Maschine von rasieren*	Rasierapparat
tampón	Tampon
compresa	Binde
pañal *(m)*	Windel
algodón *Baumwolle*	Watte
condón / preservativo	Kondom
esparadrapo	Pflaster

Polizei & Zoll

Am besten hat man mit der kanarischen Bürokratie nie etwas zu tun. Falls doch, sollte man sich auf lange Wartezeiten, unendlich viele Formulare sowie überforderte Beamte gefasst machen. Für einen Behördengang ist reichlich Zeit, am besten ein ganzer Vormittag, einzuplanen. Um Frust zu vermeiden, empfiehlt es sich, gute Lektüre mitzunehmen.

aduana	Zoll
policía / guardia civil	Polizei
funcionario	Beamter
control	Kontrolle
documento nacional de identidad (D.N.I.) / carnet *(m)* **de identidad**	Personalausweis
denuncia de robo *Anzeige von Diebstahl*	Diebstahlsanzeige
declaración para el seguro	Versicherungs-erklärung

¡Su pasaporte / carnet de identidad, por favor!
sein/ihr Pass / Ausweis von Identität durch Gefallen
Ihren Pass / Personalausweis, bitte!

Me robaron la cartera.
mir (sie-)raubten die Brieftasche
Man hat mir die Brieftasche gestohlen.

Me asaltaron.
mich (sie-)überfielen
Ich bin überfallen worden.

Me han forzado la puerta del coche.
mir (sie-)haben gezwungen die Tür von-das Auto
Mein Auto ist aufgebrochen worden.

Diríjase al consulado alemán / austríaco / suizo.
(er/sie-)wende(!)-sich zu-das Konsulat deutsch / österreichisch / schweizerisch
Wenden Sie sich ans deutsche / österreichische / Schweizer Konsulat.

Geld & Bank

Spanien ist das Land mit der höchsten Dichte von Geldautomaten in Europa. Selbst in kleinen Berg- und Küstendörfern befindet sich ein telebanco bzw. cajero automático *(Geldautomat)*.

banco	Bank
cuenta bancaria	Bankkonto
clave *(w)* **bancaria**	Bankleitzahl
telebanco / cajero automático	Geldautomat
tarjeta de crédito	Kreditkarte
número secreto / clave *(w)* *Nummer geheim / Schlüssel*	Geheimzahl
cambio	Wechselkurs
dinero	Geld
billete *(m)*	Geldschein
moneda	Münze
dinero efectivo *Geld tatsächlich*	Bargeld

Als Zahlungsmittel sind Kreditkarten sehr verbreitet, am gebräuchlichsten sind Visa und Mastercard.

en efectivo *in tatsächlich*	bar
dinero suelto / monedas *Geld gelöst / Münzen*	Kleingeld
recibo	Quittung
firma	Unterschrift
caja fuerte *(Kasten stark)*	Safe
retirar	abheben
ingresar	einzahlen

¿Dónde está el próximo banco / telebanco?
wo (sie-)ist die nächste Bank / Geldautomat
Wo ist die nächste Bank / der nächste Geldautomat?

¿Acepta cheques de viaje?
(er/sie-)akzeptiert Schecks von Reise
Akzeptieren Sie Reiseschecks?

Post, Telefon & Internet

Viele Orte verfügen über eine eigene Post. An allen Ecken stehen Telefonzellen, und in größeren Städten gibt es Internet-Cafés.

Post & Internet

¿Cuánto cuesta una hora en el Internet?
wie-viel (sie-)kostet eine Stunde in das Internet
Wie viel kostet eine Stunde im Internet?

correos *(m Ez)*	Post *(Amt / Briefsendung)*
buzón	Briefkasten
carta	Brief
tarjeta postal	Ansichtskarte
sobre *(m)*	Briefumschlag
franqueo	Porto
sello	Briefmarke
dirección	Adresse
destinatario	Empfänger
remitente *(m)*	Absender
código postal	Postleitzahl
lista de correos	Postfach
paquete *(m)*	Paket
carta certificada	Einschreiben
urgente *(dringend)*	Express
guía telefónica	Telefonbuch
fax *(m)*	Fax
ciber café *(m)*	Internetcafé
correo electrónico	E-Mail
dirección de Internet	Internet-Adresse
ordenador	Computer
página web	Internetseite

Mit einem Smartphone können Sie sich die mit einem 👂 gekennzeichneten Sätze dieses Kapitels anhören.

👂 ¿Cuánto cuesta una carta a Alemania?
wie-viel (es-)kostet ein Brief zu Deutschland
Wie viel kostet ein Brief nach Deutschland?

👂 ¿Cuánto cuesta mandar / recibir un fax?
wie-viel (es-)kostet schicken / empfangen ein Fax
Wie viel kostet es, ein Fax zu verschicken / empfangen?

Telefonieren

Die Vorwahl für Spanien lautet von Deutschland, Österreich und der Schweiz 0034, dann folgt die neunstellige Nummer des Anschlussinhabers (in der Ostprovinz lauten die ersten drei Zahlen 928-, in der Westprovinz 922-). Bei Gesprächen von den Kanaren ins Ausland wählt man 0049 für Deutschland, 0043 für Österreich, und 0041 für die Schweiz, anschließend die Ortsvorwahl ohne Anfangsnull und die Rufnummer des Teilnehmers.

Man telefoniert am besten mit Telefonkarten (tarjetas telefónicas), erhältlich auf der Post und in Tabakläden. Gespräche von 22 bis 6 Uhr sind günstiger. Die nationale Fernsprechauskunft ist unter der Nummer 1003, die internationale unter 025 zu erreichen.

teléfono	Telefon
cabina teléfonica	Telefonzelle
móvil	Handy
llamar por teléfono	telefonieren
número de teléfono	Telefonnummer
prefijo	Vorwahl
código internacional	Ländervorwahl
llamada urbana *Gespräch städtisch*	Ortsgespräch
llamada de larga distancia *Gespräch von lange Entfernung*	Ferngespräch
marcar	wählen
colgar	auflegen *(Telefon)*
ocupado	besetzt

!Hola, digame!
hallo (er/sie-)sage(!)-mir
Hallo, was gibt's?

¿Cuál es su número de telefono?
welches (sie-)ist seine/ihre Nummer von Telefon
Welche Telefonnummer haben Sie?

Quisiera llamar para Alemania.
(ich-)möchte rufen für Deutschland
Ich möchte nach Deutschland anrufen.

Quisiera hablar con Señora Conchi.
(ich-)möchte sprechen mit Frau Conchi
Ich möchte mit Frau Conchi sprechen.

¿De parte de quién?
von Seite von wer
Wer ist am Apparat?

Señora Conchi no está.
Frau Conchi nicht (sie-)ist
Frau Conchi ist nicht da.

¿Quiere que le diga algo?
(er/sie-)will dass ihr (ich-)möge-sagen etwas
Soll ich ihr etwas ausrichten?

No, gracias, voy a llamar más tarde.
nein danke (ich-)gehe zu rufen mehr spät
Nein, danke, ich versuche es später noch mal.

Am Telefon meldet man sich üblicherweise nicht mit dem Namen, sondern sagt lediglich hola *(hallo).*

Fotografieren

Bis auf militärische Einrichtungen darf alles fotografiert werden. Bei Porträtaufnahmen empfiehlt es sich, vorher zu fragen, ob der „Schuss" in Ordnung geht.

¿Le puedo hacer una foto?
ihm/ihr (ich-)kann machen ein Foto
Darf ich Sie fotografieren?

cámera fotográfica	Fotoapparat
rollo / película	Film
rollo de color	Farbfilm
rollo de diapositivas	Diafilm
foto(grafía) *(w)*	Foto
tomar / hacer fotos *nehmen / machen Fotos*	fotografieren
revelar	entwickeln

¿Puede revelarme esta pelicula hasta mañana?
(er-)kann entwickeln-mir dieser Film bis morgen
Können Sie mir diesen Film bis morgen entwickeln?

Krank sein

Apotheken sind durch ein grünes Kreuz auf weißem Grund gekennzeichnet und öffnen zu den normalen Geschäftszeiten. Feiertags- und Nachtdienst sind an der Eingangstür der Apotheken angezeigt.

Besucher aus Ländern der EU können sich kostenlos im Krankenhaus (hospital general) und in den staatlichen lokalen Gesundheitszentren (centro de salud) behandeln lassen. Vorzulegen sind der Personalausweis und die europäische Gesundheitskarte.

médico	Arzt
dentista / odontólogo	Zahnarzt
hospital	Krankenhaus
clínica	Privatklinik
farmacia	Apotheke

farmacia de guardia	Apotheke, die
Apotheke von Wache	Notdienst hat
consulta	Sprechstunde
horario de visita	Sprechzeit
Stundenplan von Besuch	
ambulancia	Krankenwagen
tratamiento	Behandlung
seguro de enfermedad	Krankenversicherung
Versicherung von Krankheit	
receta	Rezept
medicamento	Medikament
pastilla	Tablette
enfermo	krank
enfermedad	Krankheit

Alle Ärzte außerhalb staatlicher Institutionen sind Privatärzte. Hier wird die Rechnung bar bezahlt. Da ihre Erstattung im kassenüblichen Rahmen nicht garantiert ist, empfiehlt es sich, sich durch eine Auslandszusatzversicherung ohne Selbstbeteiligung gegen sämtliche Risiken abzusichern.

¡Por favor, llame una ambulancia / a un médico!
durch Gefallen (er/sie-)rufe(!) ein Krankenwagen / zu ein Arzt
Rufen Sie bitte einen Krankenwagen / Arzt!

¡Es una emergencia!
(es-)ist ein Notfall
Es handelt sich um einen Notfall!

Me siento mal.
mich fühle schlecht(Umst.)
Mir geht es nicht gut.

Tengo fiebre / diarrea / tos / una herida abierta.
(ich-)besitze Fieber / Durchfall / Husten / eine Wunde offene
Ich habe Fieber / Durchfall / Husten / eine offene Wunde.

Tengo que vomitar.
(ich-)besitze dass übergeben
Ich muss mich übergeben.

apéndice *(m)*	Blinddarm	**intestino**	Darm
boca	Mund	**mano** *(w)*	Hand
brazo	Arm	**nariz** *(w)*	Nase
cabeza	Kopf	**ojo**	Auge
corazón	Herz	**oreja**	Ohr
dedo	Finger	**pecho**	Brust
diente *(m)*	Zahn	**pie** *(m)*	Fuß
estómago	Magen	**pierna**	Bein
garganta	Rachen	**pulmón**	Lunge
hígado	Leber	**sangre** *(w)*	Blut

Necesito un recibo para el seguro.
(ich-)brauche eine Quittung für die Versicherung
Ich benötige eine Quittung für die Versicherung.

Toilette

Zwei Umstände erschweren in vielen Toiletten den „Abtransport": der geringe Wasserdruck und die engen Abflussrohre. Oft wird man deshalb angehalten, das benutzte Toilettenpapier nicht ins Klobecken, sondern in den daneben stehenden Eimer zu werfen.

¿Dónde está el baño / servicio / lavabo?
wo (sie-)ist das Bad / Dienst / Waschbecken
Wo ist die Toilette?

Falta el papel higiénico.
(es-)fehlt das Papier hygienisch
Es fehlt Toilettenpapier.

señoras / damas	Frauen
señores / caballeros / hombres	Herren
ocupado	besetzt
libre	frei

Ein Kuriosum am Rand: Cambiar el agua al canario *(dem Kanarier das Wasser wechseln)* heißt auf dem spanischen Festland „kacken".

Schimpfen & Fluchen

Schimpfwörter, die dem Sexualbereich entstammen, sind in der Alltagssprache präsenter als im Deutschen und dienen dazu, der Sprache Pfeffer zu geben. Es ist durchaus üblich, dem Satz ein coño *(Fotze)* oder ein joder *(ficken)* anzuhängen, ohne dass irgendjemand in der Runde daran Anstoß nehmen würde.

¡Hijo de puta!	Hurensohn!
¡Que me jodas!	Fick mich!
¡Que te jodas!	Fick dich!
¡Que se jodan!	Dass sie sich ficken!
¡Jodelón! *(Ficker!)*	Unerträglicher Quälgeist!
¡Vete a la mierda! *geh zu-die Scheiße*	Verflucht seist du!
¡Tonto!	Dummkopf!
¡Maleducado!	Schlechterzogener!
¡Imbécil!	Schwachsinniger!
¡Maricón!	Schwuler! *(sehr stark)*
¡Vete al carajo! / ¡Vete al diablo!	Zum Teufel mit dir!

Um zu entscheiden, ob es sich wirklich lohnt zu fluchen, braucht der Kanarier Zeit. Doch dann wird es heftig und laut.

¡Qué follón / rollo!
was Fickerei / Rolle
Was für eine umständliche Sache!

¡Qué pesado eres!
was schwer (du-)bist
Wie du dich anstellst!

¡Qué jolín!
Was für ein Ärger!

¡Mierda!
Scheiße!

¡Calla la boca!
Halt's Maul!

¡Cállate!
Schweig!

¡Eres inútil como echar agua en un cesto!
(du-)bist nutzlos wie ausschütten Wasser in ein Korb
Du bist ein Nichtsnutz!

¡Eres más bobo que una cebolla!
(du-)bist mehr blöd als eine Zwiebel
Blödmann!

¡Mucho chau-chau, pero poco hace!
viel chau-chau aber wenig (er/sie-)macht
Große Sprüche und nichts dahinter!

¡Tienes papas en la boca!
(du-)besitzt Kartoffeln in der Mund
Du sprichst undeutlich!

¿Qué comiste hoy?
was (du-)aßest heute
Warum quasselst du so viel?

¿Qué sabe el burro lo que es el chocolate?
was (er-)weiß der Esel was ist die Schokolade
Unsensibler Typ!

Historischer Blick auf die kanarische Sprache

Obgleich das Altkanarisch-Berberische im Zug der spanischen Kolonisation verdrängt wurde und als „tote Sprache“ gilt, blieben viele Worte in geographischen Bezeichnungen „lebendig“.

altkanarische Wörter

Zu den häufigsten, im Alltag noch verwendeten Worten zählen außerdem:

baifo Zicklein **beletén** Muttermilch der Ziege **chinijo** klein **gambuesa** großes Steingehege **gánigo** Tongefäß **gofio** Mehl aus geröstetem Getreide, das früher das Brot ersetzte	**gorona** Wachtposten **guanarteme** Herrscher **guanil** wilde Ziege **jaira** junge Ziege **mago** Bauer (heute übertragen für „Bauerntrampel“) **perenquén** kleine Eidechse **tagoror** Versammlungsplatz

Der Archipiélago Chinijo ist der „kleine Archipel“ d. h. die Inseln vor der Nordküste Lanzarotes: La Graciosa, Montaña Clara, Alegranza, Roque del Este und Roque del Oeste.

juego de palo Stockfechten **lucha canaria** kanarischer Ringkampf **salto del pastor** Hirtensprung	**lucha del garrote** Stockfechten mit traditionellem Hirtenstab

Einige Sportarten altkanarischen Ursprungs gibt es in dieser Form nur auf den Kanaren, nicht auf dem spanischen Festland.

Wörter iberoamerikanischen Ursprungs

Aufgrund der engen Beziehungen zwischen den Kanaren und der Neuen Welt wurden viele „amerikanische“ Worte in die Alltagssprache integriert.

arepa gefüllte Teigtasche
batata Süßkartoffel
bochinche Kaschemme
chacho/a Mann / Frau, abgeleitet von muchacho/a *(Junge / Mädchen)*
embrollo Vergnügen, Lebhaftigkeit
fósforo Streichholz (*auf dem Festland:* cerillo)
guagua Bus
guarapo Saft aus Palmhonig
machango Püppchen, im übertragenen Sinn „lächerliche Person"
millo Mais (*auf dem Festland:* maíz)
(la) papa Kartoffel; die Kanarier benutzen das ursprüngliche Wort aus den Anden, während die Festlandsspanier das Wort patata bevorzugen; el papa ist aber überall der Papst, während papá den „Vater" meint
piña Maiskolben, auch Bananenbüschel (*auf dem Festland:* Kiefernzapfen, Ananas)
puro / cigarro puro Zigarre, „reine" Zigarre, im Unterschied zur Zigarette, die nicht nur aus Tabak besteht
tuno Kaktusfeige (*auf dem Festland:* higo chumbo)
vacilar sich auf Kosten anderer amüsieren
víveres Lebensmittelladen (*auf dem Festland:* tienda de comestibles)

Wörter englischen Ursprungs

Mitte des 19. Jahrhunderts entdeckten die Briten die Kanarischen Inseln als Stützpunkt und Versorgungsbasis auf dem Weg in ihre westafrikanischen Kolonien. Sie investierten in eine moderne Infrastruktur, sorgten für eine Kanalisation, regelmäßigen Postverkehr und Telefon, und führten neue, bis heute wichtige Exportgüter (Bananen und Tomaten) ein. Zwecks effektiverer Ausnutzung ihrer Schiffskapazitäten nahmen sie Passagiere an Bord und errichteten die ersten Hotels – das war der Startschuss für den Tourismus auf den Kanaren.

Mit den britischen Kaufleuten und Residenten gingen Ausdrücke wie fair-play, gentleman, tennis-court, basketball und golf-course in den alltäglichen Sprachgebrauch der Kanarier ein. Bei vielen anderen Wörtern ist der Ursprung kaum noch zu erkennen, da dem englischen Wort die spanische Schreibung und Phonetik übergestülpt wurde.

Auf Gran Canaria wurde der erste Golfplatz Spaniens eingeweiht. Gleichzeitig entstanden hier und auf der Nachbarinsel Teneriffa britische Schulen und Clubs, Kirchen und Friedhöfe.

chercha anglikanisch-evangelischer Friedhof; von „church" *(Kirche)*
choni Brite, Fremder; vom Namen „Johnny"
hacer el choni sich dumm stellen, um Vorteile herauszuschlagen („den Johnny machen")
flipar bewegt, ausgeflippt; von „to flip out" *(ausflippen)*
mitín politische Versammlung, von „meeting"
moni Geld; von „money" *(Geld)*
naife Messer; von „knife" *(Messer)*
overbukin Überbuchen, von „overbooking"
queque Kuchen; von „cake" *(Kuchen)*
trinque Getränk; von „drink" *(Getränk, trinken)*

andere Wörter

jable Dünensand; Verballhornung des französischen Wortes „sable": so nannten die normannischen Eroberer den Treibsand
mojo pikante Soße, das Wort stammt vom portugiesischen „molho" *(Soße)*
almogrote pikanter Käseauftsrich; das Wort stammt vom arab. „al-mojrot" *(Käsesoße)*

El silbo – Renaissance einer Pfeifsprache

Als Gomeras Inselregierung 2007 den Wunsch äußerte, die Pfeifsprache möge auf die Liste der erhaltenswerten Weltkulturgüter gesetzt werden, lebten noch ganze drei silbadores *(Pfeifer). Mit ihrer Hilfe konnte inzwischen das Wissen um die Pfeifsprache an eine neue Generation von Schülern weitergegeben werden.*

El silbo gomero *(gomerische Pfeifsprache)* heißt das neue Pflichtfach in der Schule, das schon die Kleinsten büffeln müssen. Aus Klassenzimmern ertönen Pfiffe, die nach schalldichten Wänden verlangen, und auch in den Pausen wird die neue Kunst eifrig ausprobiert. Die nationale Zeitung El Mundo stimmte das skeptisch: „Nichts gegen die Pflege des eigenen Bauchnabels", kommentierte sie, „aber muss man ihn deswegen gleich zur akademischen Disziplin erheben?"

El Silbo war einmal die logische Antwort der Gomeros auf die zerklüftete Topographie ihrer Insel. Wollte man dem Nachbarn auf dem gegenüberliegenden Bergkamm eine Nachricht zukommen lassen, lief man nicht quälend lang durch die trennende Schlucht, sondern bediente sich der Pfeifsprache – für die vertrauten Dinge des Alltags reichte sie aus.

Nun gibt es zwar eine Pfeifsprache auch in anderen gebirgigen Ländern wie Mexiko und der Türkei, doch nirgendwo ist sie so perfekt ausgebildet wie auf Gomera. Jedem Ton in einer bestimmten Höhe und Stärke lässt sich ein Buchstabe des Alphabets zuordnen. Freilich war in den 1970er Jahren mit der Verbreitung des Telefons die Pfeifsprache immer mehr in Vergessenheit geraten.

Literaturhinweise

Wer noch ein bisschen mehr wissen und weiterlernen möchte, dem seien empfohlen:

Die hier genannten Bücher/Schriften sind nicht über den Reise Know How Verlag erhältlich.

▶**Cerbella, D. / Corrales, C.: Diccionario Ejemplificado de Canarismos.** Instituto de Estudios Canarios, La Laguna 2009. *Zweibändiges Lexikon: Anhand der über 19.000 Einträge wird das „typisch Kanarische" vieler Wörter und Redewendungen dargestellt.*

▶**Mora Morales, M.: Los maravillosos nombres guanches.** Santa Cruz 1997. *Namen von altkanarischen Kriegern und Königen, Göttinnen und Prinzessinnen, alphabetisch geordnet und mit Legenden und Lebensgeschichten versehen.*

▶**Wölfel, D. J.: Monumenta Linguae Canariae. Die kanarischen Sprachdenkmäler – eine Studie zur Vor- und Frühgeschichte Weißafrikas.** Graz 1965. *Monumentales Werk eines österreichischen Linguisten.*

Wörterliste Deutsch – Spanisch

Männliche Hauptwörter, *die nicht die Endungen* -o, -r, -n *oder* -l *haben, sind mit „(m)" gekennzeichnet. Ebenso sind weibliche Hauptwörter, die nicht die Endungen* -a, -d, -ción, -sión *haben, mit „(w)" gekennzeichnet.*

Unregelmäßige Verben *sind mit einem * markiert. Unregelmäßig gebildete Partizipien werden in eckigen Klammern angeführt.*

Eigenschaftswörter *werden nur in der männlichen Grundform aufgeführt.*

A

ab (zeitl.) a partir de
Abend (ab 20 h) noche (w)
Abend (bis 20 h) tarde (w)
Abendessen cena
Abenteuer aventura
aber pero
abfahren salir*
Abfall basura
abfliegen despegar
abgeben entregar
abreisen salir*
Abschied despedida
abschleppen remolcar
Absicht intención
Adresse dirección
ähnlich parecido
allein solo
alles todo
als (Vgl.) que
als (zeitl.) cuando
also entonces
alt viejo
alt (antik) antiguo
Alter (Lebens-) edad
anbieten ofrecer*
Andenken recuerdo
anderer/-e otro/a
anfangen empezar*, comenzar*
Angst miedo
anhalten parar
ankommen llegar
Ankunft llegada
anrufen llamar por teléfono
Antwort respuesta
antworten responder
anziehen (sich) vestirse*
anzünden encender*
Apotheke farmacia
Arbeit trabajo
arbeiten trabajar
arm pobre
Art und Weise manera
Arzt médico
auch también
auch nicht tampoco
auf sobre, en, por encima
Aufenthalt estancia
aufhören terminar
aufpassen (auf) tener* cuidado (con)
aufräumen arreglar
aufstehen levantarse
aufwachen despertar*
aus (von) de
aus (wegen) por
außen fuera
außer excepto
außerdem además
Ausflug excursión
Ausfuhr exportación
Ausgang salida
ausgebucht completo
ausgehen salir*
ausgezeichnet excelente
Auskunft información
Ausland exterior
Ausländer extranjero
ausländisch extranjero
Ausnahme excepción
ausnutzen aprovechar
ausreichend suficiente

Ausreise salida
ausruhen, sich descansar
ausschalten apagar
Aussicht vista
Aussprache pronunciación
aussprechen pronunciar
aussteigen salir*
Ausstellung exposición
auswählen elegir*
Ausweis carnet (m) de identidad
ausziehen (um-) mudarse
ausziehen, sich quitarse la ropa, desvestirse*
Auto coche (m)
Autobahn autopista
Autowerkstatt taller

B

Baby bebé (m+w)
Bad baño
Bademantel albornoz (m)
baden bañarse
Badewanne bañera
Badezimmer cuarto de baño
bald pronto
Banane plátano
Bank (Geld / Sitz-) banco
bar al contado
Bar bar
Bargeld efectivo
Batterie pila
bauen construir*
Bauer campesino, agricultor
Baum árbol
Beamter funcionario
beeilen, sich apurarse
beeindruckend impresionante
beenden terminar, acabar
befinden, sich estar*, encontrarse*
begegnen, sich encontrarse*
begleiten acompañar
begrüßen saludar
behandeln atender, tratar
Behörde administración, oficina pública
bei con
Beispiel ejemplo
bekannt conocido
bekannt machen, sich conocerse*
bekommen recibir, obtener*, conseguir*
beleidigen ofender
bemerken notar, darse* cuenta
benachrichtigen informar
benutzen usar, utilizar
Benzin gasolina, combustible (m)
beobachten observar
bequem cómodo
Berg montaña, monte (m)
berühmt famoso
beschäftigt ocupado
Beschwerde reclamación, queja
beschweren, sich quejar-se, reclamar
besetzt ocupado
besichtigen visitar
besiegen vencer*
Besitzer dueño
besonders especialmente
besser mejor
bestellen pedir*, ordenar
bestrafen castigar
Besuch visita
besuchen visitar
betrügen engañar, estafar
betrunken borracho
Bett cama
Bettlaken sábana
bevor antes
bevorzugen preferir*
bewachen vigilar
bewegen (sich) mover(se)*
Beweis prueba
bewundern admirar
bezahlen pagar
beziehen auf, sich referirse* a
Beziehung (allg.) relación
Bier cerveza
Bild cuadro, imagen (w)
billig barato, económico
Binde (Verband) cinta, venda
bis hasta
bisschen poquito
Bitte ruego
bitte! (um etw. bitten) ¡por favor!
bitte! (Keine Ursache!) ¡no hay de qué!, ¡de nada!
bitten pedir*, rogar*
bitter (Geschm.) amargo
Blatt (botan. / Papier) hoja
bleiben quedarse
Bleistift lápiz (m)
blond rubio
Blume flor (w)

Wörterliste Deutsch – Spanisch

Bluse blusa
Boden suelo
Bohne judía
Boot bote (m), lancha
Boot (größeres) barco
böse malo
Botschaft (dipl.) embajada
Botschaft (Nachricht) mensaje (m)
Brand incendio
Brauch costumbre (w)
brauchen necesitar
brechen romper* [roto]
breit ancho, amplio
brennen quemar
Brief carta
Briefmarke sello
Briefumschlag sobre (m)
Brille gafas (Mz)
bringen (her-) traer*
bringen (hin-) llevar
Brot pan
Brücke puente (m)
Brust (weibl.) pecho, teta
Buch libro
buchen reservar, inscribirse
Bücherei biblioteca
Buchstabe letra
buchstabieren deletrear
Bucht bahía
Bügeleisen plancha
bügeln planchar
bunt en colores, de (varios) colores
Burg castillo
Bürger (Staats-) ciudadano
Büro oficina, despacho
Bus guagua
Busbahnhof estación de guaguas
Butter mantequilla

C

Café bar, café (m)
Chef jefe (m), patrón
Computer computadora
Creme crema, loción

D

da allí, allá
Dach techo
dafür (anstatt) en lugar de
dafür (im Gegenzug) por esto, en cambio
dagegen sein no estar* de acuerdo
dahinter detrás
Damenbinde paño higiénico, compresa
damit (um zu) para que
danach (zeitl.) después
danke! ¡gracias!
danken agradecer*
dann entonces, luego
darum por eso
das da (dieses) eso
dass que
Datum fecha
dauern tardar
Decke (Bett-) manta
Decke (Zimmer-) techo
Deckel tapa
Demonstration (polit.) manifestación
denken pensar*
Denkmal monumento
denn (weil) porque
deshalb por eso
deutsch alemán
Deutsche alemana
Deutscher alemán
Deutschland Alemania
dick gordo, grueso
Dieb ladrón
Diebstahl robo
Diesel gasoil (m)
Ding cosa
Dokument documento
Dolmetscher traductor, intérprete (m+w)
doof estúpido, tonto
Dorf pueblo, aldea
dort allí, allá
dort hinten en el fondo, allá atrás
dorthin por allá, hacia allá
draußen fuera, afuera
dringend urgente
drinnen adentro
dumm tonto
dunkel oscuro
dünn delgado, flaco
durch (mittels) por
dürfen poder*
dürfen (moralisch) deber
Durst sed (w)
Dusche ducha

E

echt puro, auténtico
Ecke esquina
egal (ist mir) (me da) igual
Ehe matrimonio

Ehefrau esposa, mujer (w)
Ehemann esposo, marido
Ehepaar matrimonio
Ei huevo
eigen propio
Eigentum propiedad
Eigentümer dueño
Eimer cubo
einander uno al otro
Einbruch (Raub) robo
einfach simple, fácil
Einfuhr importación
Eingang entrada
einige algunos/-as (m/w Mz)
einladen invitar
Einladung invitación
einmal una vez
einpacken empaquetar
einsteigen (Auto, Bus) subir
eintreten entrar
Eintrittskarte entrada
einwandern inmigrar
Einwohner/in habitante (m+w)
einzig único
Eis (Speise-) helado
Eis (Wasser) hielo
elektrisch eléctrico
elend miserable
Eltern padres (m Mz)
empfangen recibir
empfehlen recomendar*
Ende fin
endlich (schließlich) por fin
eng estrecho
England Inglaterra
Engländer inglés
Engländerin inglesa
englisch inglés
entfernen quitar
Entfernung distancia
entscheiden, sich decidirse
entschuldigen, sich disculparse
entspannt relajado
enttäuscht desilusionado
Erde tierra
Erdgeschoss planta baja
Erfolg éxito
erfreut encantado
erhalten recibir
erholen, sich descansar, recuperarse
erinnern, sich acordarse*
erkältet sein estar* resfriado, tener* gripe
erklären explicar
erkundigen, sich informarse
erlauben permitir
Erlaubnis permiso
Ermäßigung descuento, rebaja
erreichen (Ziel) conseguir*
Ersatzteil repuesto
erster primero
Erwachsener adulto, mayor
erzählen contar*
essen comer
Essen comida
Etage piso
etwa más o menos
etwas algo

F

Fabrik fábrica
Fahne bandera
Fähre barco, ferry (m)
fahren (allg.) ir*
fahren (Fahrz.) conducir*
Fahrkarte billete (m)
Fahrkartenschalter taquilla
Fahrplan horario
Fahrpreis precio del billete
Fahrrad bicicleta, bici (w)
fallen caer*
falsch falso, equivocado
Familie familia
Farbe color
Farbfilm rollo en color
fast casi
faul (Obst) podrido, descompuesto
faul (träge) vago, aplatanado
fehlen faltar
Fehler error, falta
Feier fiesta
feiern celebrar, festejar
feilschen negociar, regatear
fein fino
Feind enemigo
Feld terreno, campo
Fenster ventana
Ferien vacaciones (w Mz)
fern (weit) lejos
fernsehen ver* la tele
Fernsehgerät televisor
fertig listo
fest firme

Fest (Feier) fiesta
Fett grasa
feucht húmedo
Feuer fuego, incendio
Feuerwehr bomberos (Mz)
Film (Kamera) rollo de película
Film (Kino) película
finden encontrar*
Finger dedo
Fisch (Lebewesen) pez (m) (Mz: peces)
Fisch (Speise-) pescado
Flasche botella
Fleisch carne (w)
fleißig trabajador
fliegen volar*
flirten flirtear, ligar
Flug vuelo
Flughafen aeropuerto
Flugticket billete (m) de avión
Flugzeug avión (m)
Flur pasillo
folgen seguir*
Folgen consecuencias (Mz)
folgend siguiente
Formular formulario
Fotoapparat cámara
Foto foto (w)
fotografieren tomar / sacar una foto
Frage pregunta
fragen preguntar
Frankreich Francia
Franzose francés (m+w)
Französin francesa
französisch francés
Frau mujer (w)
Frau (Anrede) señora
Fräulein señorita
frech atrevido
frei libre
Freiheit libertad
fremd extranjero, foráneo
Fremder desconocido, forastero
Freude alegría
freuen, sich alegrarse
Freund amigo
Freund (fester) novio
Freundin amiga
Freundin (feste) novia
freundlich amable
Freundschaft amistad
Frieden paz (w)
Friedhof cementerio
frieren tener* frío
frisch fresco
Friseur peluquero
Friseursalon peluquería
fröhlich alegre
Frucht (Obst) fruta
früh temprano
Frühling primavera
Frühstück desayuno
frühstücken desayunar
fühlen (sich) sentir(se)*
führen guiar
Führer (Buch) guía (w)
Führer (Person) guía (m+w)
funktionieren funcionar, andar*
für para, por
fürchten, sich temer
Fuß pie (m)
Fuß: zu F. a pie
Fußball fútbol (m)

G

Gabel tenedor
ganz todo, entero
gar nicht por nada
Garten jardín (m)
Gas gas
Gasse callejón
Gast invitado, huésped (m)
Gastgeber anfitrión
Gastgeberin anfitriona
Gaststätte restaurante (m)
Gebäude edificio
geben dar*
geboren nacido
geboren werden nacer*
Gebühr tasa, tarifa
Geburtstag cumpleaños (m Ez)
gefährlich peligroso
gefallen gustar
Gefängnis cárcel (w)
Gefühl sentimiento, emoción
gefüllt relleno
gegen contra
Gegend región, alrededores (m Mz)
gegenüber enfrente de
Geheimnis secreto
gehen ir*, andar*, caminar
geizig avaro
Gelände terreno
Geld dinero
Gelegenheit oportunidad
gemischt mixto
Gemüse verdura
gemütlich acogedor
genau exacto, justo

genießen disfrutar
genug bastante, suficiente
Gepäck equipaje (m)
gerade eben recién
Geräusch ruido
gerecht justo
gern! ¡con mucho gusto!
Geschäft (Abschluss) negocio
Geschäft (Laden) tienda
Geschäftsführer gerente (m+w)
geschehen suceder
Geschenk regalo
Geschichte (Erzähl.) cuento
Geschichte (histor.) historia
Geschirr vajilla
geschlossen cerrado
Geschmack gusto
Gesellschaft sociedad
Gesetz ley (w)
Gesicht cara
Gespräch conversación
gestern ayer
gestern Abend anoche
gesund sano
Gesundheit salud
Getränk bebida
Gewerkschaft sindicato
Gewicht peso
gewinnen ganar
Gewitter tormenta
gewöhnen, sich acostumbrarse
Gift veneno
Gipfel cumbre (w)
Glas (Material) vidrio
Glas (mit Stiel) copa
Glas (Trink-) vaso
glatt liso
Glaube fe (w), creencia
glauben creer
gleich (egal) igual, mismo
gleich (sofort) en seguida
Glück suerte (w)
Glückwunsch felicidades (w Mz)
Glühbirne bombilla
Gold oro
Gott dios (m)
Gramm gramo
Grammatik gramática
Gras hierba
Gras (Weide) pasto
gratulieren felicitar
grausam cruel
Grenze frontera
Grill parrilla
groß grande
Größe tamaño
Grund razón (w)
Gruppe grupo
Gruß saludo
grüßen saludar
gültig válido
Gürtel cinturón
gut (Eigensch.) bueno
gut (Umst.) bien

H

Haar cabello
haben (besitzen) tener*
haben (Hilfsverb) haber*
Hafen puerto
halb medio
Hälfte mitad
halten sostener*
Haltestelle parada
Hand mano (w)
Handel comercio
handeln negociar
handgemacht hecho a mano
Handtasche cartera
Handtuch toalla
hängen (hin-) colgar*
hart duro
Hase conejo
hässlich feo
Hauptstadt capital (w)
Haus casa
heben (hoch-) levantar
Heftpflaster apósito adhesivo
heiraten casarse
heiß caliente
heißen llamarse
Heizung calefacción
helfen ayudar
hell luminoso, claro
Hemd camisa
herausziehen sacar
Herbst otoño
herein! ¡adelante!
Herr señor
Herz corazón
herzlich cordial
heute hoy
hier aquí
Hilfe ayuda
Hilfe! (Notruf) ¡socorro!
hinausgehen salir*
hineingehen entrar
Hinfahrt ida
Hin- und Rückfahrt ida y vuelta

Wörterliste Deutsch – Spanisch

hinlegen, sich acostarse*
hinten detrás
hinter detrás de
Hitze calor
hoch alto
Hochzeit boda
Hof patio
hoffen esperar
hoffentlich ojalá
höflich cortés, educado
Höhle cueva
Holz madera
Honig miel (w)
hören oír*, escuchar
Hose pantalón
Hotel hotel
hübsch bonito, lindo
Hügel colina
Hund perro
Hunger hambre (w)

I

Idee idea
Illustrierte revista
immer siempre
impfen vacunar
Impfung vacunación
in (wo?) en, dentro de
in (zeitl.) en
in (wohin?) a, hacia
Industrie industria
informieren, sich informarse
Inhalt contenido
Innenhof patio
innerhalb von dentro de
Insel isla
interessant interesante
interessieren, sich für interesarse por
international internacional
inzwischen entretanto
irgendein/e algún (m), alguna (w)
irren, sich equivocarse

J

ja sí
Jacke chaqueta
Jagd caza
jagen cazar
Jahr año
Jahreszeit estación
jährlich anual
jeder cada (uno)
jedes Mal cada vez
jedoch sin embargo
jemand alguien
jetzt ahora
jung joven
Junge chico, (mu)chacho

K

Kaffee café (m)
kalt frío
Kamera cámara fotográfica
Kamm peine (m)
kämmen, sich peinarse
kämpfen luchar
kaputt roto, estropeado
kaputtmachen romper* [roto]
Karte (Land-) mapa (m)
Karte (Post-) tarjeta postal
Käse queso
Kasse caja
kassieren cobrar
kaufen comprar
Kaufhaus centro comercial, grandes almacenes (m Mz)
kaum apenas
kein/e ningún (m), ninguna (w)
Kellner camarero
kennen conocer*
kennen lernen, sich conocerse*
Kerze vela
Kind niño (m), niña (w)
Kino cine (m)
Kirche iglesia
Kiste caja
klar claro
Kleid vestido
Kleidung ropa, vestido
klein chico, pequeño
Klimaanlage aire (m) acondicionado
Klingel timbre (m)
klug inteligente, sabio
Kneipe bar, tasca
Knoblauch ajo
Knopf botón
kochen (etwas) cocinar
kochen (Wasser) hervir*
Kochtopf olla
Koffer maleta
kommen llegar, venir*
kompliziert complicado
Kondom condón
können poder*, saber*
Konsulat consulado
kontrollieren controlar

Konzert concierto, recital
Korkenzieher sacacorchos (m Ez)
kosten (Preis) costar*, valer*
kosten (probieren) probar*
kostenlos gratuito
Kraft fuerza
krank enfermo
Krankenhaus hospital, clínica
Krankenkasse seguro
Krankenschwester enfermera
Krankheit enfermedad
Krawatte corbata
Kreditkarte tarjeta de crédito
Kreuzung cruce (m)
Krieg guerra
Küche cocina
Kuchen pastel, torta
Kugelschreiber bolígrafo
kühl fresco
Kühlschrank frigorífico
Kunst arte (m)
Kunstgewerbe artesanía
Kunstwerk obra de arte
kurz corto
Kuss beso
küssen besar
Küste costa

L

lächeln sonreír*
lachen (über) reír(se* de)
Laden (Geschäft) tienda
Lage situación
Lage (geograph.) posición, ubicación
Lampe lámpara
Land país (m)
Landesinneres interior
Landhaus casa de campo, finca
Landkarte mapa (m)
Landschaft paisaje (m)
Landstraße carretera
Landwirtschaft agricultura
lang largo
lange Zeit mucho tiempo
längs (entlang) a lo largo
langsam despacio, lento
langweilig aburrido
Lärm ruido
lassen dejar
Lateinamerika América Latina
laufen correr
laut (sprechen) alto, con voz alta
leben vivir
Leben vida
Lebensmittel víveres (m Mz)
lecker rico, sabroso
Leder cuero
ledig soltero
leer vacío
legen poner* [puesto]
lehren enseñar
leicht (einfach) fácil
leicht (Gewicht) ligero
leiden sufrir
leider desafortunadamente
leihen, sich prestar (de)
lernen aprender, estudiar
lesen leer
letzter último
Leute gente (w Ez)
Licht luz (w)
Liebe amor
lieben amar
liebenswürdig amable
Lied canción
liegen (im Bett) estar* acostado
links a la izquierda
Loch hueco
Lohn (Gehalt) sueldo
Luft aire (m)
lügen mentir*
Lust haben tener* ganas
lustig divertido, alegre

M

machen hacer* [hecho]
Macht poder*
Mädchen chica, (mu)chacha
Mal vez (w)
malen pintar
Maler pintor
man se, uno
manchmal a veces, de vez en cuando
Mann hombre (m)
Mantel abrigo
Markt mercado
Marmelade mermelada
Maschine máquina
Medikament medicina
Meer mar (m)
Mehl harina
mehr más
meinen opinar, pensar*

Meinung opinión
Menge cantidad
Mensch hombre (m)
Menü menú (m)
merken, sich recordarse*, acordar(se)*
Messer cuchillo
mieten alquilar
Milch leche (w)
mindestens por lo menos
Mineralwasser agua mineral
Minute minuto
mit con
mitnehmen llevar
Mittag mediodía (m)
Mittagessen almuerzo
Mittagsschlaf siesta
Mittagspause hora de comer
mitteilen comunicar
Mitternacht medianoche (w)
Möbel muebles (m Mz)
Mode moda
modisch de moda
mögen gustar, querer*
möglich posible
Monat mes (m)
morgen mañana
Morgen mañana
Motor motor
Motorboot lancha
Motorrad moto(cicleta) (w)
Möwe gaviota
müde cansado
Mühe pena
Müll basura
Münze moneda
Muschel concha
Museum museo
Musik música
müssen tener* que, deber
müssen: man muss hay que
Mutter madre (w), mamá

N

nach (Richtung) a
nach (zeitl.) después
Nachbar vecino
Nachmittag tarde (w)
Nachname apellido
Nachricht noticia
nachsehen (überprüfen) comprobar*
nächster próximo
nächstes Mal la próxima vez
Nacht noche (w)
Nachtisch postre (m)
nackt desnudo
Nadel aguja
Nagel (Finger-) uña
Nagel (Stift) clavo
nahe cerca
nähen coser
Name (Familien-) apellido
Name (Vor-) nombre (m)
nass mojado
Nationalität nacionalidad
Natur naturaleza
natürlich (nicht künstl.) natural
neben al lado de
nehmen tomar, coger*
nein no
nett simpático
neu nuevo
neugierig curioso
nicht no
nicht mehr ya no
nichts nada
niedrig bajo
niemals nunca, jamás
niemand nadie
nirgends por ningún lado
nirgendwo en ninguna parte
noch aún, todavía
noch einmal otra vez
Norden norte (m)
normal normal
Notfall caso de emergencia
notwendig necesario
Nummer número
nur sólo, solamente
nutzen utilizar, aprovechar, explotar
nützlich útil

O

ob si
oben arriba
Obst fruta
oder o
Ofen (Herd) horno
offen abierto
öffentlich público
öffnen abrir* [abierto]
oft a menudo, muchas veces
ohne sin
Öl aceite (m)
Omelett tortilla
Ordnung orden
Organ órgano
organisieren organizar
Ort lugar

Osten este (m)

P

Paar pareja
paar: ein p. un par, algunos (m) / algunas (w)
Paket paquete (m)
Palast palacio
Panne (Auto) avería
Papier papel
Parfüm perfume (m)
Park parque (m)
parken (Auto) aparcar
Parkett (Theater) patio de butacas
Parkplatz aparcamiento
Parkhaus garaje (m)
Pass pasaporte (m)
Passagier pasajero
passieren pasar
Patient/in paciente (m+w)
Pause pausa
Pause (Film / Theater) descanso
Pech (Unglück) mala suerte (w)
pensioniert jubilado
Person persona
Personalausweis carnet (m) de identidad
Pfanne sartén (w)
Pfeffer pimienta
Pferd caballo
Pflanze planta
Plan plan, programa
Plastik plástico
Plastik (Kunstwerk) plástica, escultura
Plattenspieler tocadiscos (m Ez)
Platz plaza
plötzlich de repente
Politik política
Polizei policía (w)
Polizist policía (m)
Post correos (m Ez), oficina de correos
Postkarte tarjeta postal
Praxis (Arzt-) consultorio
Praxis (Übung) práctica
Preis precio
Presse prensa
privat privado
probieren probar*
Problem problema (m)
Programm programa (m)
Prospekt folleto
prüfen examinar
Prüfung examen (m)
Pullover jersey (m), suéter
Punkt punto
pünktlich puntual
Puppe muñeca

Q

Qualität calidad
Quantität cantidad
Quatsch tonterías (Mz)
Quelle fuente (w)
Quittung recibo

R

Rabatt descuento
Rad rueda
Radiergummi goma de borrar
Radio radio (w)
Rand borde (m)
rasieren (sich) afeitarse
Rat(schlag) consejo
raten aconsejar, adivinar
Raub robo
rauchen fumar
Raum habitación, cuarto
rechnen calcular
Rechnung factura, cuenta
Recht derecho
rechts a la derecha
rechtzeitig a tiempo
reden hablar
Regen lluvia
Regenschirm paraguas (m Ez)
Regierung gobierno
registrieren registrar
regnen llover*
reich rico
reif maduro
reifen madurar
Reifen neumático
Reinigung (chem.) tintorería
Reis arroz (m)
Reise viaje (m)
Reisebüro agencia de viajes
Reiseführer/in guía (m+w)
Reiseführer (Buch) guía (w)
reisen viajar

rennen correr
Reparatur reparación
reparieren arreglar, reparar
reservieren reservar
Restaurant restaurante (m)
Rettungswagen ambulancia
Rezept (Küche / Medikament) receta
richtig correcto
Richtung dirección, rumbo
Ring anillo
Rock falda
roh (Speise) crudo
Rotwein vino tinto
Rückfahrt vuelta, regreso
Rucksack mochila
rufen llamar
Ruhe silencio
ruhen descansar
ruhig tranquilo
rund redondo

S

Sache (Ding) cosa
Saft jugo
sagen decir* [dicho]
Sahne (süße) crema
Saison (Hoch- / Neben-) temporada (alta / baja)
Salat (Gericht) ensalada
Salat (Kopf-) lechuga
Salbe pomada
Salz sal (w)
satt satisfecho
Satz frase (w)
sauber limpio
säubern limpiar
sauer ácido
Schallplatte disco
scharf (gewürzt) picante
scharf (Messer) afilado
Schatten sombra
schätzen estimar
schauen mirar
Schaufenster escaparate (m)
Schauspiel espectáculo
Scheck cheque (m)
Scheibenwischer limpiaparabrisas (m Ez)
scheinen parecer*
Scheinwerfer (Auto) faro
Scheiße! ¡mierda!
schenken regalar
Schere tijera
Scherz broma
schicken mandar
Schicksal destino
schießen tirar
Schiff barco
Schimpfwort injuria, palabra injuriosa
Schirm (Regen-) paraguas (m Ez)
Schirm (Sonnen-) sombrilla, parasol
schlafen dormir*
Schlafzimmer dormitorio
Schlag golpe (m)
schlagen pegar, golpear
Schläger (Tennis) raqueta de tenis
Schlagloch bache (m)
Schlange serpiente (w)
Schlange stehen hacer* [hecho] cola
schlank delgado
schlecht malo
schlechter peor
schließen cerrar*
Schloss (Bau) castillo
Schloss (Tür-) cerradura
Schlucht barranco
Schlüssel llave (w)
schmackhaft sabroso, rico
schmecken gustar
Schmerz dolor, pena
schmerzen doler*
schminken, sich maquillarse
Schmuck joyas (Mz)
schmutzig sucio
Schnaps aguardiente (m)
Schnee nieve (w)
schneiden cortar
schnell rápido
Schokolade chocolate (m)
schon ya
schön bello, hermoso, bonito, lindo
Schrank armario
schrecklich horrible
schreiben escribir* [escrito]
schreien gritar
Schublade cajón
Schuh zapato, calzado
Schuld culpa
schuldig culpable
Schule escuela, colegio, cole (m)
schwach débil
schwanger embarazada
schweigen callar
schwer (Gewicht) pesado
schwierig difícil

Schwimmbad piscina
schwimmen nadar
schwindelig mareado
schwitzen sudar
See lago
sehen ver* [visto], mirar
Sehenswürdigkeit lugar de interés
sehnsüchtig ansioso
sehr muy
Seide seda
Seife jabón (m)
Seil soga
sein (Verb) ser*, estar*
seit desde
Seite (Buch) página
Seite (Richtung) lado
Sekunde secundo
selbst mismo
selten raro
senden mandar, enviar
setzen, sich sentarse*
Shampoo champú (m)
sich se
sicher seguro
sicherlich seguramente (Umst.)
siegen vencer*
Silber plata
singen cantar
Sinn sentido
sitzen estar* sentado
Sitzplatz asiento
so así, tan
so viel tanto
sofort en seguida
Sohn hijo
solcher tal
sollen deber
Sommer verano
Sonderangebot oferta
sondern sino
Sonne sol (m)
sonnen, sich broncearse
Sonnenblume girasol
sonst noch etwas algo más
Sorge preocupación
sorgen, sich preocuparse
Soße salsa
Spanier español
Spanierin española
spanisch español
sparen ahorrar
spät tarde
später después
spazieren gehen pasear
Speise comida, menú (m)
Speisekarte carta, menú (m)
Spiegel espejo
spielen (Instrument) tocar
spielen (Spiel) jugar*
Spielzeug juguete (m)
Sport deporte (m)
Sportplatz cancha
Sprache idioma (m), lengua
sprechen hablar
Spritze jeringa
spritzen inyectar
Spülmittel detergente (m)
Staat estado
Staatsangehörigkeit nacionalidad
Stadt ciudad
Stadtmitte centro
Stadtplan callejero
Stadtteil barrio
stark fuerte
Steckdose enchufe (m)
stehen estar* de pie
stehen bleiben detenerse*, pararse
stehlen robar
Stein piedra
Stelle (Ort) lugar
stellen (legen) poner* [puesto], colocar
sterben morir(se)* [muerto]
Steuern impuestos (Mz)
Stewardess azafata
Stil estilo
Stimme voz (w)
Stockwerk piso
Stoff tela
stören molestar
stornieren cancelar
Strafe pena, castigo
Strand playa
Straße calle (w), avenida
Straßenschild letrero de calle
Streichhölzer fósforos (Mz)
Streik huelga
streiten, sich pelearse
Stück pedazo, pieza
studieren estudiar
Stuhl silla
Stunde hora
suchen buscar
Süden sur (m)
südlich meridional
Summe suma
Supermarkt supermercado
Suppe sopa
süß dulce
Swimmingpool piscina

Wörterliste Deutsch – Spanisch

T

Tabak tabaco
Tablette pastilla
Tag día (m)
täglich diario
Tal valle (m)
Tampon tampón
tanken echar gasolina
Tankstelle gasolinera
Tanz baile (m)
tanzen bailar
Tasche bolsa
Taschenmesser navaja
Tasse taza
taub sordo
Taube paloma
tauchen bucear
Taxi taxi (m)
Taxifahrer taxista (m)
Taximeter taxímetro
Tee té (m)
Teil parte (w)
teilen, sich (etwas) compartir
Telefon teléfono
Telefonbuch directorio, guía teléfonica
telefonieren llamar / hablar por teléfono
Telefonkarte tarjeta telefónica
Telefonnummer número de teléfono
Teller plato
Tennis tenis (m)
Teppich alfombra
Termin cita
teuer caro
Teufel diablo
Theater teatro
tief profundo
Tier animal
Tisch mesa
Titelseite primera página
Tochter hija
Tod muerte (w)
Toilette servicio, baño
toll bárbaro
Topf cazuela, olla
Tor (Fußball) gol
tot muerto
töten matar
Toto (Spiel) quiniela
Tradition tradición
tragen llevar, cargar
träumen soñar*
traurig triste
Treffen encuentro
treffen (begegnen) encontrar*
Treppe escalera
trinken beber
Trinkgeld propina
trocken seco
tschüss! ¡hasta luego!, ¡adiós!
Tuch tela
tun hacer* [hecho]
Tür puerta
Turm torre (w)
Tüte bolsa
Typ tipo
typisch típico

U

üben practicar
über encima de, sobre
überall por todos lados, en todas partes
Überfall asalto, atraco
übergeben, sich vomitar
überhaupt en absoluto
übermorgen pasado mañana
überqueren cruzar
Überraschung sorpresa
übersetzen (Sprache) traducir*
übertreiben exagerar
Überweisung transferencia
überzeugt convencido
üblich usual
Ufer orilla
Uhr reloj (m)
um zu para
umarmen abrazar
Umgebung alrededores (m Mz)
Umleitung desvío
umsteigen (Bus) cambiar (de guagua)
umtauschen cambiar
Umwelt medio ambiente
umziehen (Haus) mudarse
umziehen, sich cambiarse
unordentlich desordenado
unbekannt desconocido
und y
Unfall accidente (m)
unglaublich increíble
Universität universidad
unmöglich imposible
Unordnung desorden, lío
unschuldig inocente
unten abajo

unter(halb von) debajo de
Unterbrechung interrupción
Unterdrückung represión
unterhalten, sich conversar, charlar
Unterhaltung conversación
Unterkunft hospedaje (m)
Unterschied diferencia
unterschiedlich diferente
unterschreiben firmar
Unterschrift firma
unterstützen apoyar
untersuchen revisar, examinar
Urlaub vacaciones (w Mz)
Ursache causa
Ursprung origen

V

Vater padre
verabreden, sich hacer* [hecho] una cita, citarse
Verabredung cita
verabschieden, sich despedirse*
verbessern mejorar
verbieten prohibir
verboten prohibido
Verbrechen crimen
verbrennen quemar
verbringen pasar
verdienen ganar
vergessen olvidarse de
vergewaltigen violar
Vergnügen distracción, diversión
vergnügen, sich divertirse*
verheiratet casado
verirren, sich perderse*
verkaufen vender
Verkehr (Straßen-) tráfico
verleihen (an) prestar (a)
verletzt herido
Verletzung herida
verlieben, sich enamorarse
verliebt enamorado
verlieren perder*
vermieten alquilar
vermissen echar de menos
verrückt loco
Verschmutzung contaminación
verschwinden desaparecer*
Versicherung seguro
verspäten, sich tardarse, retrasarse
Verspätung retraso
verstehen entender*, comprender
versuchen intentar, tratar de
verteidigen defender*
vermitteln intermediar
Vertrag contrato
vertrauen confiar
verwechseln confundir
verzeihen perdonar
verzollen declarar
Vieh ganado
viel mucho
vielleicht tal vez, quizás
Vogel pájaro
Volk pueblo
voll lleno
völlig totalmente (Umst.)
von de
vor (örtl.) delante de
vor (zeitl.) hace
Voraus, im previamente, de antemano
vorbereiten preparar
Vorgang trámite (m)
vorgestern anteyer
vorher antes
Vormittag mañana
vormittags por la mañana
Vorname nombre (m)
vorne delante
Vorschlag propuesta
vorschlagen proponer* [propuesto]
Vorsicht cuidado
vorstellen (bekannt machen), sich presentarse
Vorstellung (Theater, Kino) función
Vorteil ventaja
Vorurteil prejuicio
Vorwahl (Telefon) prefijo
vorwärts adelante

W

Waffe arma
Wagen coche (m)
Wahl elección
wahr cierto
während durante
Wahrheit verdad
Wald bosque (m)
Wand pared
wandern caminar
Ware mercancia
warm caliente

warten esperar
waschen lavar
waschen, sich lavarse
Waschmaschine lavadora
Wasser agua
Wasserquelle manantial
wechseln cambiar
wecken despertar*
Weg camino
wegen por
weggehen irse*
weh tun doler*
weiblich femenino
weich suave
Weihnachten navidad
weil porque
Wein vino
weinen llorar
Weintraube uva
Weißwein vino blanco
weit entfernt lejos
weitergehen seguir*
Welle ola
Welt mundo
wenig poco
wenn (als) cuando
wenn (falls) si
Werbung publicidad
werfen arrojar, lanzar
Werkstatt taller
Wert valor
wertvoll valioso
Westen oeste (m)
Wetter tiempo
wichtig importante
wie (Vgl.) como
wieder tun volver* [vuelto] a hacer
wieder otra vez, de nuevo
wiederholen repetir*
wild salvaje
willkommen bienvenido
Wind viento
Windel pañal
wirklich (Umst.) realmente
wissen saber*
Witz chiste (m)
witzig gracioso
Woche semana
Wochenende fin de semana
wohnen vivir
Wohnung piso
Wohnzimmer sala de estar
Wolke nube
Wolle lana
wollen querer*
Wort palabra
Wörterbuch diccionario
Wunde herida
wunderbar maravilloso
wundern, sich extrañarse
wünschen desear
würzen condimentar
Wut rabia

Z

zahlen pagar
zählen contar*
Zahn diente (m)
Zahnarzt dentista (m)
Zahnpasta crema dental
zärtlich cariñoso
Zeh dedo de pie
zeichnen dibujar
Zeichnung diseño, dibujo
Zeit tiempo
Zeitschrift revista
Zeitung periódico
Zelt tienda de campamento
Zentrum centro
zerstören destruir*
Zettel hoja
Zeuge testigo
ziehen sacar
Ziel destino
ziemlich bastante
Zigarette cigarrillo
Zigarre puro
Zimmer habitación
Zoll aduana
Zollerklärung declaración
zu (+ Eigensch.) demasiado
zu (nach) a, hacia
zu viel demasiado
Zucker azúcar
zuerst primero
zufrieden contento
Zug tren
zurück hacia atrás
zurückkommen volver* [vuelto]
zusammen juntos
zusätzlich adicional
Zustand estado
Zweifel duda
zwischen entre

Wörterliste Spanisch – Deutsch

A

a zu, nach (Richtung)
a lo largo längs (entlang)
a menudo oft
a partir de ab (zeitl.)
a pie zu Fuß
a tiempo rechtzeitig
a veces manchmal
abajo unten
abierto offen
abrazar umarmen
abrigo Mantel
abrir* [abierto] öffnen
aburrido langweilig
acabar beenden
accidente (m) Unfall
aceite (m) Öl
ácido sauer
acogedor gemütlich
acompañar begleiten
aconsejar raten
acordar(se)* sich merken
acostarse* sich hinlegen
acostumbrarse sich gewöhnen
adelante vorwärts
¡adelante! herein!
además außerdem
adentro drinnen
adicional zusätzlich
adivinar raten
administración Behörde(n)
admirar bewundern
¿adónde? wohin?
aduana Zoll
adulto Erwachsener
aeropuerto Flughafen
afeitarse rasieren (sich)
afilado scharf (Messer)
afuera draußen
agencia de viajes Reisebüro
agradecer* danken
agricultor Bauer
agricultura Landwirtschaft
agua Wasser
aguardiente (m) Schnaps
aguja Nadel
ahora jetzt
ahorrar sparen
aire (m) Luft
aire (m) acondicionado Klimaanlage
ajo Knoblauch
al contado bar
al lado de neben
albornoz (m) Bademantel
aldea Dorf
alegrarse sich freuen
alegre fröhlich, lustig
alegría Freude
alemán deutsch; Deutscher
alemana Deutsche
Alemania Deutschland
alfombra Teppich
algo etwas
algo más sonst noch etwas
alguien jemand
algún / alguna irgendein/e
algunos ein paar, einige
allá da, dort
allí da dort
almuerzo Mittagessen
alquilar mieten, vermieten
alrededores (m Mz) Gegend, Umgebung
alto hoch, laut (sprechen)
amable freundlich, liebenswürdig
amar lieben
amargo bitter (Geschmack)
ambulancia Rettungswagen
América Latina Lateinamerika
amiga Freundin
amigo Freund
amistad Freundschaft
amor Liebe
amplio breit
ancho breit
andar* gehen, funktionieren
anfitrión Gastgeber
anfitriona Gastgeberin
anillo Ring
animal Tier
anoche gestern Abend
ansioso sehnsüchtig
antes vorher, bevor
anteyer vorgestern
antiguo alt (aus früherer Zeit)
anual jährlich
año Jahr
apagar ausschalten
aparcamiento Parkplatz
aparcar parken (Auto)
apellido Nachname
apenas kaum
aplatanado faul (träge)

apósito adhesivo Heftpflaster
apoyar unterstützen
aprender lernen
aprovechar (aus)nutzen
apurarse sich beeilen
aquí hier
árbol Baum
arma Waffe
armario Schrank
arreglar aufräumen, reparieren
arriba oben
arrojar werfen
arroz (m) Reis
arte (m) Kunst
artesanía Kunstgewerbe
asado Braten
asalto Überfall
así so
asiento Sitzplatz
atender behandeln
atraco Überfall
atrás hinten, zurück
atrevido frech
aún noch
auténtico echt
autopista Autobahn
avaro geizig
avenida (größere) Straße
aventura Abenteuer
avería Panne (Auto)
avión (m) Flugzeug
ayer gestern
ayuda Hilfe
ayudar helfen
azafata Stewardess
azúcar Zucker

B

bache (m) Schlagloch
bahía Bucht
bailar tanzen
baile (m) Tanz
bajo niedrig
banco Bank (Geld / Sitz-)
bandera Fahne
bañarse baden
bañera Badewanne
baño Bad, Toilette
bar Bar, Café, Kneipe
barato billig
bárbaro toll
barco Boot (größeres), Schiff, Fähre
barranco Schlucht
barrio Stadtteil
bastante genug, ziemlich
basura Abfall, Müll
bebé (m+w) Baby
beber trinken
bebida Getränk
bello schön
besar küssen
beso Kuss
biblioteca Bücherei
bici (w) Fahrrad
bicicleta Fahrrad
bien gut (Umst.)
bienvenido willkommen
billete (m) Fahrkarte
blusa Bluse
boda Hochzeit
bolígrafo Kugelschreiber
bolsa Tasche, Tüte
bomberos (Mz) Feuerwehr
bombilla Glühbirne
bonito hübsch, schön
borde (m) Rand
borracho betrunken
bosque (m) Wald
bote (m) Boot
botella Flasche
botón Knopf
broma Scherz
broncearse sich sonnen
bucear tauchen
bueno gut (Eigensch.)
bien gut (Umst.)
buscar suchen

C

caballo Pferd
cabello Haar
cabeza Kopf
cada (uno) jeder
cada vez jedes Mal
caer* fallen
café (m) Kaffee, Café
caja Kiste, Kasse
cajón Schublade
calcular rechnen
calefacción Heizung
calidad Qualität
caliente warm, heiß
callar schweigen
calle (w) Straße
callejero Stadtplan
callejón Gasse
calor Hitze
calzado Schuh
cama Bett
cámara Fotoapparat
camarero Kellner

cambiar umtauschen, wechseln
cambiar (de guagua) umsteigen (Bus)
cambiarse sich umziehen
caminar gehen, wandern
camino Weg
camisa Hemd
campesino Bauer
campo Feld
cancelar stornieren
cancha Sportplatz
canción Lied
cansado müde
cantar singen
cantidad Menge, Quantität
capital (w) Hauptstadt
cara Gesicht
cárcel (w) Gefängnis
cargar tragen
cariñoso zärtlich
carne (w) Fleisch
carnet (m) de identidad Personalausweis
caro teuer
carretera Landstraße
carta Brief; Speisekarte
cartera Handtasche
casa Haus
casado verheiratet
casarse heiraten
casi fast
caso de emergencia Notfall
castigar bestrafen
castigo Strafe
castillo Burg, Schloss
causa Ursache
caza Jagd
cazar jagen
cazuela Topf
celebrar feiern
cementerio Friedhof
cena Abendessen
centro Zentrum, Mitte
centro comercial Einkaufszentrum
cepillo Bürste
cerca nah(e)
cerrado geschlossen
cerradura Schloss (Tür)
cerrar* schließen
cerveza Bier
chacha Mädchen
chacho Junge
champú (m) Shampoo
chaqueta Jacke
charlar sich unterhalten
cheque (m) Scheck
chica Mädchen
chico klein; Junge
chiste (m) Witz
cierto wahr
cigarrillo Zigarette
cine (m) Kino
cinta Binde (Verband)
cinturón Gürtel
cita Termin, Verabredung
citarse sich verabreden
ciudad Stadt
ciudadano Staatsbürger
claro hell, klar
clavo Nagel
clínica Krankenhaus
cobrar kassieren
coche (m) Auto, Wagen
cocina Küche
cocinar kochen (etwas)
coger* nehmen
cole (m) Schule
colegio Schule
colgar* (hin-)hängen
colina Hügel
colocar stellen, legen
color Farbe
combustible (m) Benzin
comenzar* anfangen
comer essen
comercio Handel
comida Essen, Speise
como wie
cómodo bequem
compartir sich teilen (etw.)
completo ausgebucht
complicado kompliziert
comprar kaufen
comprender verstehen
compresa Damenbinde
comprobar* nachsehen, überprüfen
computadora Computer
comunicar mitteilen
con mit, bei
con voz alta laut (sprechen)
concha Muschel
concierto Konzert
condimentar würzen
condimento Gewürz
condón Kondom
conducir* fahren (Fahrz.)
conejo Hase
confiar vertrauen
confundir verwechseln
conocer* kennen
conocerse* sich bekannt machen, sich kennen lernen

conocido bekannt
conseguir* bekommen, erreichen (ein Ziel)
consejo Rat(schlag)
consecuencias (Mz) Folgen
construir* bauen
consulado Konsulat
consultorio (Arzt-)Praxis
contaminación Verschmutzung
contar* erzählen, zählen
contenido Inhalt
contento zufrieden
contra gegen
contrato Vertrag
controlar kontrollieren
convencido überzeugt
conversación Gespräch
conversar sich unterhalten
copa (Trink-)Glas
corazón Herz
corbata Krawatte
cordial herzlich
correcto richtig
correos (m Ez) Post
correr laufen, rennen
cortar schneiden
cortés höflich
corto kurz
cosa Ding, Sache
coser nähen
costa Küste
costar* kosten (Preis)
costumbre (w) Brauch, Sitte
creencia Glaube
creer glauben
crema Creme, süße Sahne
crema dental Zahnpasta
crimen Verbrechen
cruce (m) Kreuzung
crudo roh (Speise)
cruel grausam
cruzar überqueren
cuadro Bild
cuando wenn, als (zeitl.)
cuarto Raum
cuarto de baño Badezimmer
cubo Eimer
cucaracha Kakerlake
cuchara Löffel
cuchillo Messer
cuenta Rechnung
cuento Geschichte (Erzähl.)
cuero Leder
cueva Höhle
cuidado Vorsicht
culpa Schuld
culpable schuldig
cumbre (w) Gipfel
cumpleaños (m Ez) Geburtstag
curioso neugierig
curva Kurve

D

dar* geben
darse* cuenta bemerken
de aus, von
¡de acuerdo! einverstanden!
de antemano Im Voraus
de moda modisch
¡de nada! bitte!, keine Ursache!
de nuevo wieder
de repente plötzlich
de vez en cuando manchmal
debajo de unter(halb von)
deber dürfen (moralisch), müssen, sollen
débil schwach
decidirse sich entscheiden
decir* [dicho] sagen
declaración Zollerklärung
declarar verzollen
dedo Finger
dedo de pie Zeh
defender* verteidigen
dejar lassen
delante vorne
delante de vor (örtl.)
deletrear buchstabieren
delgado dünn, schlank
demasiado zu (+ Eig.), zu viel
dentista (m) Zahnarzt
dentro de in (innen), innerhalb von (zeitl.)
deporte (m) Sport
derecha: a la d. rechts
derecho geradeaus; Recht
desafortunadamente leider
desaparecer* verschwinden
desayunar frühstücken
desayuno Frühstück
descansar sich ausruhen, sich erholen, ruhen
descanso Pause (Theater)
descompuesto faul (Obst)
desconocido unbekannt; Fremder
descuento Rabatt
desde seit
desear wünschen

desilusionado enttäuscht
desnudo nackt
desorden Unordnung
desordenado unordentlich
despacho Büro
despacio langsam
despedida Abschied
despedirse* sich verabschieden
despegar abfliegen
despertar* aufwachen, wecken
después später, danach
después de nach (zeitl.)
destino Schicksal, Ziel
destruir* zerstören
desvestirse* sich ausziehen
desvío Umleitung
detenerse* stehen bleiben
detergente (m) Spülmittel
detrás dahinter, hinten
detrás de hinter
día (m) Tag
diablo Teufel
diario täglich
diarrea Durchfall
dibujar zeichnen
dibujo Zeichnung
diccionario Wörterbuch
diente (m) Zahn
diferencia Unterschied
diferente unterschiedlich
difícil schwierig, kompliziert
dinero Geld
dios (m) Gott
dirección Richtung, Adresse
directorio Telefonbuch
disco Schallplatte
disculparse sich entschuldigen
¡disculpe! Entschuldigung!
diseño Zeichnung
disfrutar genießen
distancia Entfernung
distracción Vergnügen
diversión Vergnügen
divertido lustig
divertirse* sichvergnügen
documento Dokument
doler* schmerzen, weh tun
dolor Schmerz
dormir* schlafen
dormitorio Schlafzimmer
ducha Dusche
duda Zweifel
dueño Besitzer, Eigentümer
dulce süß
durante während
duro hart

E

echar de menos vermissen
echar gasolina tanken
económico billig
edad (Lebens-)Alter
edificio Gebäude
educado höflich
efectivo Bargeld
ejemplo Beispiel
él er
elección Wahl
eléctrico elektrisch
elegir* auswählen
embajada Botschaft (dipl.)
embarazada schwanger
emoción Gefühl
empaquetar einpacken
empezar* anfangen
en auf, in (innen), in (zeitl.)
en absoluto überhaupt
en cambio dafür (im Gegenzug)
en colores bunt
en el fondo dort hinten
en lugar de dafür, anstatt
en ninguna parte nirgendwo
en seguida gleich, sofort
en todas partes überall
enamorado verliebt
enamorarse sich verlieben
encantado erfreut
encender* anzünden
enchufe (m) Steckdose
encima de über
encontrar* finden, treffen, begegnen
encontrarse* sich befinden, sich begegnen
encuentro Treffen
enemigo Feind
enfermedad Krankheit
enfermera Krankenschwester
enfermo krank
enfrente de gegenüber
engañar betrügen
ensalada Salat (Gericht)
enseñar lehren
entender* verstehen
entero ganz
entonces also, dann
entrada Eingang, Eintrittskarte

entrar eintreten, hineingehen
entre zwischen
entregar abgeben
entretanto inzwischen
enviar* senden
equipaje (m) Gepäck
equivocado falsch
equivocarse sich irren
error Fehler
escalera Treppe
escaparate (m) Schaufenster
escribir* [escrito] schreiben
escuchar hören
escuela Schule
escultura Plastik (Kunstw.)
eso das da (dieses)
español spanisch
español Spanier
española Spanierin
especia Gewürz
especialmente besonders
espectáculo Schauspiel
espejo Spiegel
esperar hoffen, warten
esquina Ecke
estación Jahreszeit
estación de guaguas Busbahnhof
estado Staat; Zustand
estafar betrügen
estancia Aufenthalt
estar* sich befinden, sein (Verb)
estar* acostado liegen (im Bett)
estar* de pie stehen
estar* resfriado erkältet sein
estar* sentado sitzen
este (m) Osten
estilo Stil
estimar schätzen
estrecho eng
estropeado kaputt
estudiar lernen, studieren
estúpido doof
exacto genau
exagerar übertreiben
examen (m) Prüfung
examinar prüfen, untersuchen
excelente ausgezeichnet
excepción Ausnahme
excepto außer
excursión Ausflug
éxito Erfolg
explicar erklären
explotar nutzen
exportación Ausfuhr
exposición Ausstellung
exterior Ausland
extranjero ausländisch, fremd; Ausländer
extrañarse sich wundern

F

fábrica Fabrik
fácil einfach
factura Rechnung
falda Rock
falso falsch
falta Fehler
faltar fehlen
familia Familie
famoso berühmt
farmacia Apotheke
faro Scheinwerfer (Auto)
fe (w) Glaube
fecha Datum
felicidades (w Mz) Glückwunsch
felicitar gratulieren
femenino weiblich
feo hässlich
ferry (m) Fähre
festejar feiern
fiebre (w) Fieber
fiesta Feier, Fest
fin Ende
fin de semana Wochenende
finca Landhaus
fino fein
firma Unterschrift
firmar unterschreiben
firme fest
flaco dünn
flirtear flirten
flor (w) Blume
folleto Prospekt
foráneo fremd
forastero Fremder
formulario Formular
fósforos (Mz) Streichhölzer
foto (w) Foto
francés französisch
francés (m+w) Franzose
francesa Französin
Francia Frankreich
frase (w) Satz
frenos (Mz) Bremsen (Kfz)
fresco frisch, kühl
frigorífico Kühlschrank
frío kalt

frontera Grenze
fruta Frucht, Obst
fuego Feuer
fuente (w) Quelle
fuera außen, draußen
fuerte stark
fuerza Kraft
fumar rauchen
función Vorstellung (Theater, Kino)
funcionar funktionieren
funcionario Beamter
fútbol (m) Fußball

G

gafas (Mz) Brille
ganado Vieh
ganar gewinnen, verdienen
garaje (m) Parkhaus
gas Gas, Kohlensäure
gasoil (m) Diesel
gasolina Benzin
gasolinera Tankstelle
gasolinero Tankwart
gaviota Möwe
gente (w Ez) Leute
gerente (m+w) Manager/in, Geschäftsführer/in
girasol Sonnenblume
gobierno Regierung
gol Tor (Fußball)
golpe (m) Schlag
golpear schlagen
goma de borrar Radiergummi
gordo dick
¡gracias! danke!
gracioso witzig
gramática Grammatik
gramo Gramm
grande groß
grandes almacenes (m Mz) Kaufhaus
grasa Fett
gratuito kostenlos
gripe (w) Grippe
gritar schreien
grueso dick
grupo Gruppe
guagua Bus
guerra Krieg
guía (m+w) Reiseführer/in (Person)
guía (w) Reiseführer (Buch)
guía teléfonica Telefonbuch
guiar führen
gustar gefallen, mögen, schmecken
gusto Geschmack
gusto: ¡con mucho g.! gern!

H

haber* haben (Hilfsverb)
habitación Raum, Zimmer
habitante (m+w) Einwohner/in
hablar reden, sprechen
hablar por teléfono telefonieren
hace vor (zeitl)
hacer* [hecho] machen, tun
hacer* [hecho] cola Schlange stehen
hacer* [hecho] una cita sich verabreden
hacia in (Richtg.), zu, nach
hacia atrás zurück
hambre (w) Hunger
harina Mehl
hasta bis (zeitl.)
¡hasta luego! tschüss!
hay es gibt (unpersönl.)
hay que muss (man)
hecho a mano handgemacht
helado (Speise-)Eis
herida Verletzung, Wunde
herido verletzt
hermanos (Mz) Geschwister
hermoso schön
hervir* kochen (Wasser)
hielo Eis (Wasser)
hierba Gras
hija Tochter
hijo Sohn
historia Geschichte (histor.)
hoja Blatt (botan. / Papier), Zettel
hombre (m) Mann, Mensch
hora Stunde
hora de comer Mittagspause
horario Fahrplan
horno Ofen (Herd)
horrible schrecklich
hospedaje (m) Unterkunft
hospital Krankenhaus
hotel Hotel
hoy heute
hueco Loch
huelga Streik
huésped (m) Gast
huevo Ei

húmedo feucht

I

ida y vuelta Hin- und Rückfahrt
idea Idee
idioma (m) Sprache
iglesia Kirche
igual egal, gleich
imagen (w) Bild
importación Einfuhr
importante wichtig
imposible unmöglich
impresionante beeindruckend
impuestos (Mz) Steuern
incendio Brand, Feuer
increíble unglaublich
industria Industrie
información Auskunft
informar benachrichtigen
informarse sich erkundigen, sich informieren
Inglaterra England
inglés englisch; Engländer
inglesa Engländerin
injuria Schimpfwort
inmigrar einwandern
inocente unschuldig
inscribirse buchen
inteligente klug
intención Absicht
intentar versuchen
interesante interessant
interesarse (por) sich interessieren (für)
interior Landesinneres
intermediar vermitteln
internacional international
intérprete (m+w) Dolmetscher
interrupción Unterbrechung
invitación Einladung
invitado Gast
invitar einladen
inyectar spritzen
ir* fahren (allg.), gehen
irse* weggehen
isla Insel
izquierda: a la i. links

J

jabón (m) Seife
jamás niemals
jardín (m) Garten
jefe (m) Chef
jeringa Spritze
jersey (m) Pullover
joven jung
joyas (Mz) Schmuck
jubilado pensioniert
judía Bohne
jugar* spielen (Spiel)
jugo Saft
juguete (m) Spielzeug
juntos zusammen
justo genau, gerecht

L

lado Seite (Richtung)
ladrón Dieb
lago See (der)
lamentar bedauern
lámpara Lampe
lana Wolle
lancha (Motor-)Boot
lanzar werfen
lápiz (m) Bleistift
largo lang
lavadora Waschmaschine
lavar(se) (sich) waschen
leche (w) Milch
lechuga Kopfsalat
leer lesen
lejos fern, weit entfernt
lengua Sprache
lento langsam
letra Buchstabe
letrero de calle Straßenschild
levantar (hoch)heben
levantarse aufstehen
ley (w) Gesetz
libertad Freiheit
libre frei
librería Buchhandlung
libro Buch
ligar flirten
ligero leicht (Gewicht)
limpiaparabrisas (m Ez) Scheibenwischer
limpiar säubern
limpio sauber
lindo hübsch, schön
lío Unordnung
liso glatt
listo fertig
llamar rufen
llamar por teléfono anrufen, telefonieren
llamarse heißen
llave (w) Schlüssel
llegada Ankunft

llegar ankommen, kommen
lleno voll
llevar (hin)bringen, mitnehmen, tragen
llorar weinen
llover* regnen
lluvia Regen
loción Creme
loco verrückt
lotería Lotto
loto (w) Lotto
luchar kämpfen
luego dann
lugar Stelle, Ort
lugar de interés Sehenswürdigkeit
luminoso hell
luz (w) Licht

M

madera Holz
madre (w) Mutter
madurar reifen
maduro reif
mala suerte (w) Pech, Unglück
maleta Koffer
malo böse, schlecht
mama Mutter
manantial Wasserquelle
mandar schicken, senden
manera Art und Weise
manifestación Demonstration (polit.)
mano (w) Hand
manta (Bett-)Decke
mantequilla Butter
mañana morgen; Morgen, Vormittag
mapa (m) Landkarte
maquillarse sich schminken
máquina Maschine
mar (m) Meer
maravilloso wunderbar
mareado schwindelig
martillo Hammer
más mehr
más o menos etwa, ungefähr
matar töten
matrícula Autokennzeichen
matrimonio Ehe, Ehepaar
mayor Erwachsener; größer
medianoche (w) Mitternacht
medicina Medikament
médico Arzt
medio halb
medio ambiente Umwelt
mediodía (m) Mittag
mejor besser
mejorar verbessern
menos weniger
mensaje (m) Botschaft (Nachricht)
mentir* lügen
menú (m) Menü, Speisekarte
mercado Markt
mercancia Ware
meridional südlich
mermelada Marmelade
mes (m) Monat
mesa Tisch
miedo Angst
miel (w) Honig
¡mierda! Scheiße!
minuto Minute
mirar schauen, sehen
miserable elend
mismo gleich (egal); selbst
mitad Hälfte
mixto gemischt
mochila Rucksack
moda Mode
mojado nass
molestar stören
moneda Münze
montaña Berg
monte (m) Berg
monumento Denkmal
morir(se)* [muerto] sterben
moto (w) Motorrad
motocicleta Motorrad
motor Motor
mover(se)* (sich) bewegen
muchacha Mädchen
muchacho Junge
muchas veces oft
mucho viel
mucho tiempo lange Zeit
mudarse ausziehen, umziehen (Haus)
muebles (m Mz) Möbel
muerte (w) Tod
muerto tot
mujer (w) Frau, Ehefrau
mundo Welt
muñeca Puppe
museo Museum
música Musik
muy sehr

N

nacer* geboren werden
nacido geboren
nacionalidad Nationalität, Staatsangehörigkeit
nada nichts
nadar schwimmen
nadie niemand
natural natürlich (nicht künstlich)
naturaleza Natur
navaja Taschenmesser
navidad Weihnachten
necesario notwendig
necesitar brauchen
negociar feilschen, handeln
negocio Geschäft (Abschluss)
neumático Reifen
nieve (w) Schnee
ningún (m) / ninguna (w) kein/e
niña Mädchen, Kind
niño Junge, Kind
no nein, nicht
noche (w) Abend (ab 20 h), Nacht
nombre (m) (Vor-)Name
normal normal
norte (m) Norden
notar bemerken, wahrnehmen
noticia Nachricht
novia feste Freundin, Verlobte
novio fester Freund, Verlobter
nube Wolke
nuevo neu
número Nummer
número de teléfono Telefonnummer
nunca niemals
ñame Knollenfrucht

O

o oder
obra de arte Kunstwerk
observar beobachten
obtener* bekommen
ocupado beschäftigt, besetzt
oeste (m) Westen
ofender beleidigen
oferta Sonderangebot
oficina Büro
oficina de correos Post
oficina pública Behörde
ofrecer* anbieten
oír* hören
ojalá hoffentlich
ola Welle
olla Kochtopf, Topf
olvidarse de vergessen
opinar meinen
opinión Meinung
oponerse* [opuesto] dagegen sein
oportunidad Gelegenheit
orden Ordnung
ordenar bestellen
oreja Ohr
organizar organisieren
órgano Organ
origen Ursprung
orilla Ufer
oro Gold
oscuro dunkel
otoño Herbst
otra vez noch einmal, wieder
otro anderer

P

paciente (m+w) Patient/in
padre (m) Vater
padres (m Mz) Eltern
pagar (be)zahlen
página Seite (Buch)
país (m) Land
paisaje (m) Landschaft
pájaro Vogel
palabra Wort
palacio Palast
paloma Taube
pan Brot
panadería Bäckerei
pantalón Hose
pañal Windel
paño higiénico Damenbinde
papel Papier
papel higiénico Toilettenpapier
paquete (m) Paket
par ein paar, einige
para für, um zu
para que damit, um zu
parada Haltestelle
paraguas (m Ez) Regenschirm
parar anhalten
pararse stehen bleiben
parasol Sonnenschirm

parecer* scheinen
parecido ähnlich
pared Wand
pareja Paar
parque Park
parrilla Grill
parte (w) Teil
pasado mañana übermorgen
pasajero Passagier
pasaporte (m) Pass
pasar passieren, verbringen
Pascua Ostern
pasear spazieren gehen
pasillo Flur
pastel Kuchen
pasteles (m Mz) Gebäck
pastilla Tablette
pasto Gras (Weide)
patio Hof, Innenhof
patio de butacas Parkett (Theater)
patrón Chef
pausa Pause
paz (w) Frieden
pecho Brust (weibl.)
pedazo Stück
pedir* bitten, bestellen
pegar schlagen
peinado Frisur
peinarse sich kämmen
peine (m) Kamm
pelearse sich streiten
película Film (Kino)
peligroso gefährlich
peluquería Friseursalon
peluquero Friseur
pena Mühe, Schmerz, Strafe
pensar* denken, meinen
peor schlechter
pequeño klein
perder* verlieren
perderse* sich verirren
¡perdón! Entschuldigung!
perdonar verzeihen
perfume (m) Parfüm
periódico Zeitung
periodista (m+w) Journalist/in
permiso Erlaubnis
permitir erlauben
pero aber, jedoch
perro Hund
persona Person
pesado schwer (Gewicht)
pescado Fisch (Speise-)
peso Gewicht
pez (m) (Mz: peces) Fisch (als Lebewesen)
picante scharf (gewürzt)
pie (m) Fuß
piedra Stein
pierna Bein
pieza Stück
pieza de repuesto Ersatzteil
pila Batterie
pimentón Paprika(pulver)
pimienta Pfeffer
pintar malen
pintor Maler
piscina Schwimmbad
piso Etage, Stockwerk, Wohnung
plan Plan
plancha Bügeleisen
planchar bügeln
planta Pflanze
planta baja Erdgeschoss
plástica Plastik (Kunstwerk)
plástico Plastik (Kunststoff)
plata Silber
plátano Banane
plato Teller
playa Strand
plaza Platz
pobre arm
poco wenig
poder* dürfen, können; Macht
podrido faul (Obst)
policía (m) Polizist
policía (w) Polizei
política Politik
pomada Salbe
poner* [puesto] legen, stellen
poquito bisschen
por wegen, aus, durch (mittels), für
por allá dorthin
por encima auf
por eso darum, deshalb
por esto dafür (im Gegenzug)
¡por favor! bitte!
por fin endlich, schließlich
por la mañana vormittags
por lo menos mindestens
por ningún lado nirgends
por todos lados überall
porque denn, weil
posible möglich
posición Lage (geogr.)
postre (m) Nachtisch

práctica Praxis (Übung)
practicar üben
precio Preis
precio del billete Fahrpreis
preferir* bevorzugen
prefijo Vorwahl (Telefon)
pregunta Frage
preguntar fragen
prejuicio Vorurteil
prensa Presse
preocupación Sorge
preocuparse sich sorgen, sich vorstellen
preparar vorbereiten
prestar (a) verleihen (an)
prestar (de) sich leihen (von)
previamente im Voraus
primavera Frühling
primero erster, zuerst
privado privat
probar* kosten, probieren
problema (m) Problem
profesor/a Lehrer/in
profundo tief
programa (m) Programm, Plan
prohibido verboten
prohibir verbieten
pronto bald
pronunciación Aussprache
pronunciar* aussprechen
propiedad Eigentum
propina Trinkgeld
propio eigen
proponer* [propuesto] vorschlagen
propuesta Vorschlag
próximo nächster
prueba Beweis
publicidad Werbung
público öffentlich
pueblo Dorf, Volk
puente (m) Brücke
puerta Tür
puerto Hafen
punto Punkt
puntual pünktlich
puro echt; Zigarre

Q

que als (Vgl.); dass
quedarse bleiben
queja Beschwerde
quejarse sich beschweren
quemar (ver)brennen
querer* mögen, lieben, wollen
queso Käse
quiniela Toto (Spiel)
quitar entfernen
quitarse la ropa sich ausziehen
quizás vielleicht

R

rabia Wut
radio (w) Radio
ramo de flores Strauß Blumen
rápido schnell
raqueta de tenis Schläger (Tennis)
raro selten
razón (w) Grund
realmente (Umst.) wirklich
rebaja Ermäßigung, Rabatt
receta Rezept (Küche / Medikament)
recibir bekommen, empfangen, erhalten
recibo Quittung
recién gerade eben
recital Konzert
reclamación Beschwerde
reclamar sich beschweren
recomendar* empfehlen
recordar* sich erinnern
recordarse* sich merken
recto geradeaus
recuerdo Andenken
recuperarse sich erholen
redondo rund
referirse* (a) sich beziehen (auf)
regalar schenken
regalo Geschenk
regatear feilschen
régimen (m) Diät
región Gegend
registrar registrieren
regreso Rückfahrt
reír* lachen
reírse* de lachen über
relación Beziehung (allg.)
relajado entspannt
relleno gefüllt
reloj (m) Uhr
remolcar abschleppen
reparación Reparatur
reparar reparieren
repetir* wiederholen
represión Unterdrückung
repuesto Ersatzteil

reserva de asiento Platzkarte
reservar reservieren
responder antworten
respuesta Antwort
restaurante (m) Restaurant, Gaststätte
retrasarse sich verspäten
retraso Verspätung
revisar untersuchen
revista Zeitschrift, Illustrierte
rico reich; schmackhaft
robar stehlen
robo Diebstahl, Einbruch
rogar* bitten
rollo de película Film (für Kamera)
rollo en color Farbfilm
romper* [roto] brechen, kaputt machen
ropa Kleidung
roto kaputt
rubio blond
rueda Rad
ruego Bitte
ruido Geräusch, Lärm
rumbo Richtung

S

sábana Bettlaken, Laken
saber* können, wissen
sabio klug
sabroso schmackhaft
sacacorchos (Mz) Korkenzieher
sacar herausziehen
sacar una foto fotografieren
sal (w) Salz
sala de estar Wohnzimmer
salida Ausgang, Ausreise
salir* abfahren, abreisen, hinausgehen, aussteigen
salsa Soße
salud Gesundheit
¡salud! Prost!
saludar begrüßen, grüßen
saludo Gruß
salvaje wild
sano gesund
sartén (w) Pfanne
satisfecho satt
se man; sich
seco trocken
secreto Geheimnis
secundo Sekunde
sed (w) Durst
seda Seide
seguir* folgen, weitergehen
seguramente (Umst.) sicherlich
seguro sicher; Versicherung, Krankenkasse
sello Briefmarke
semana Woche
sentarse* sich setzen
sentido Sinn
sentimiento Gefühl
sentir(se)* (sich) fühlen
señor Herr (Anrede)
señora Frau (Anrede)
señorita Fräulein
ser* sein (Verb)
serpiente (w) Schlange
servicio Toilette, Dienst
si ob, wenn (Bedingung), falls
sí ja
siempre immer
siesta Mittagsschlaf
siguiente folgend
silencio Ruhe
silla Stuhl
simpático nett
simple einfach
sin ohne
sin embargo jedoch
sindicato Gewerkschaft
sino sondern
situación Lage
sobre auf, über
sobre (m) Briefumschlag
sociedad Gesellschaft
¡socorro! Hilfe! (Notruf)
soga Seil
sol (m) Sonne
solamente nur
solo allein
sólo nur
soltero ledig
sombra Schatten
sombrilla Sonnenschirm
sonreír* lächeln
soñar* träumen
sopa Suppe
sordo taub
sorpresa Überraschung
sostener* halten
suave weich
subir einsteigen (Auto, Bus)
suceder geschehen
sucio schmutzig
sudar schwitzen
sueldo Lohn (Gehalt)
suelo Boden

suerte (w) Glück
suéter Pullover
suficiente ausreichend, genug
sufrir leiden
suma Summe
supermercado Supermarkt
sur (m) Süden

T

tabaco Tabak
tal solcher
tal vez vielleicht
taller Werkstatt
tamaño Größe
también auch
tampoco auch nicht
tampón Tampon
tan so
tanto so viel
tapa Deckel
taquilla Fahrkartenschalter
tardar dauern
tardarse sich verspäten
tarde spät
tarde (w) Abend (bis 20 h), Nachmittag
tarifa Gebühr
tarjeta de crédito Kreditkarte
tarjeta postal Postkarte
tarjeta telefónica Telefonkarte
tasa Gebühr
tasca Kneipe
taxi (m) Taxi
taxímetro Taximeter
taxista (m) Taxifahrer
taza Tasse
té (m) Tee
teatro Theater
techo Dach, Zimmerdecke
tela Stoff, Tuch
teléfono Telefon
telenovela Fernsehserie
televisor Fernsehgerät
temblar zittern
temer sich fürchten
temporada (alta / baja) (Hoch- / Neben-)Saison
temprano früh
tenedor Gabel
tener* haben, besitzen
tener* cuidado (con) aufpassen (auf)
tener* frío frieren
tener* ganas Lust haben
tener* gripe erkältet sein
tener* que müssen
tenis (m) Tennis
terminar aufhören, beenden
terreno Feld, Gelände
testigo Zeuge
teta Brust (weibl.)
tiempo Zeit, Wetter
tienda Geschäft, Laden
tienda de campamento Zelt
tierra Erde
tijera Schere
timbre (m) Klingel
tintorería chemische Reinigung
típico typisch
tipo Typ
tirar schießen
toalla Handtuch
tocadiscos (m Ez) Plattenspieler
tocar berühren, spielen (Instrument)
todavía noch
todo alles, ganz
tomar nehmen
tomar una foto fotografieren
tonterías (Mz) Quatsch
tonto dumm, doof
tormenta Gewitter
torre (w) Turm
torta Kuchen
tortilla Omelett
totalmente (Umst.) völlig
trabajador fleißig
trabajar arbeiten
trabajo Arbeit
tradición Tradition
traducir* übersetzen
traer* (her)bringen
tráfico Verkehr
traje de baño Badeanzug, Badehose
trámite (m) Vorgang (amtlich)
trampa Falle
tranquilo ruhig
transferencia Überweisung
tratar behandeln
tratar de versuchen
tren Zug
triste traurig

U

ubicación Lage (geograph.)
último letzter

único einzig
unicolor einfarbig
universidad Universität
uno einer, man
uno al otro einander
uña (Finger-)Nagel
urgente dringend
usar benutzen
usual üblich
útil nützlich
utilizar (be)nutzen
uva Weintraube

V

vacaciones (w Mz) Ferien, Urlaub
vacío leer
vacunación Impfung
vacunar impfen
vago faul, träge
vajilla Geschirr
valer* kosten (Preis)
válido gültig
valioso wertvoll
valle (m) Tal
valor Wert
vaso (Trink-)Glas
vecino Nachbar
vela Kerze
vencer* (be)siegen
venda Binde, Verband
vender verkaufen
veneno Gift
venir* kommen
ventaja Vorteil
ventana Fenster
ver* [visto] sehen
ver* la tele fernsehen
verano Sommer
verdad Wahrheit
verdura Gemüse
vestido Kleid
vestirse* sich anziehen
vez (w) Mal
vez: una v. einmal
viajar reisen
viaje (m) Reise
vida Leben
vidrio Glas (Material)
viejo alt
viento Wind
vigilar bewachen
vinagre (m) Essig
vino Wein
vino blanco Weißwein
vino tinto Rotwein
violar vergewaltigen
visita Besuch
visitar besuchen, besichtigen
vista Aussicht
víveres (m Mz) Lebensmittel
vivir leben, wohnen
volar* fliegen
volver* [vuelto] zurückkommen
volver* [vuelto] a hacer wieder tun
vomitar sich übergeben
voz (w) Stimme
vuelo Flug
vuelta Rückfahrt

Y

y und
ya schon
ya no nicht mehr
yo ich

Z

zapato Schuh

Die Autoren

Dieter Schulze studierte Germanistik, Politik, Soziologie und promovierte über das moderne Theater. Heute arbeitet er als Buchautor und Fotograf. Seit fast zwanzig Jahren verbringt er die Wintermonate auf den Kanarischen Inseln und hat Reise- und Wanderbücher zu Gran Canaria, Lanzarote und Fuerteventura, Gomera und La Palma verfasst.

Izabella Gawin studierte Hispanistik und Germanistik und verfasste ihre Promotion über die Geschichte der Kanarischen Inseln. Auch sie hat schon viele Bücher zum Archipel publiziert, zuletzt schrieb sie einen Führer über die „vergessene" Insel El Hierro.